O Sagrado Mandato

O Sagrado Mandato

Antonio Demarchi
Espírito Irmão Virgílio

LÚMEN
EDITORIAL

"O Sagrado Mandato"

Espírito Irmão Virgílio

médium
Antonio Demarchi

10.000 exemplares

Lúmen Editorial Ltda.
Rua Espírita, 64
São Paulo 01527-040 SP – Fone/Fax: (011)3207-1353

Capa e Editoração – **SGuerra Design**
Fotolito da Capa – **Megagrafics**
Revisão – **Renata Suzane**
Impressão – **Bartira Gráfica**

fale com a Lúmen
e-mail **lumened@uol.com.br**

LÚMEN
EDITORIAL

ÍNDICE

O BOM COMBATE

Naquele dia, Elídia acordou com estranho pressentimento. Uma angústia envolvia seu coração e aquela desagradável sensação de mal estar que pairava sobre seus pensamentos deixavam-na inquieta. Não gostava quando tinha a impressão que algo ruim estava por acontecer, porque invariavelmente acontecia. O que poderia ser desta vez?

Imediatamente pensou no filho, mas logo afastou os pensamentos pois, apesar de Marcelinho ter realmente sérios problemas de saúde, sua última crise de asma já havia passado e o médico lhe recomendara alguns medicamentos e a prática de exercícios físicos para fortalecer os pulmões. Condoía-se da frágil saúde do filho e procurava todos os recursos tanto da medicina tradicional como da alternativa para que pudesse ver o filho bem. Tinha apenas seis anos de idade, mas a alegria de viver do menino contrastava com seu sofrimento decorrente da condição precária de sua saúde. Não, aquele peso no peito, aquela angústia nada tinha a ver com seu filho querido. Mas o que seria então?

Assim a tarde foi correndo e quando reparou já eram quase 17 horas. Estava na hora de buscar o filho na escolinha. Precisava deixá-lo com a vizinha que costumeiramente ficava com o garoto, já que seu trabalho noturno a impedia de passar a noite com o filho. Aquele era um dos principais motivos de sua tristeza e insatisfação. Sentia-se mãe pela metade. O que não daria para adormecer com o filho nos braços e acordar ao seu lado? Mas, fazer o quê? Tentara de todas as formas mudar sua condição de vida, sem sucesso.

Quando chegou na escola, ficou do lado de fora aguardando a campainha que anunciava o final das aulas seguida do barulho festivo das crianças que saíam alegres como um bando de pássaros saudando a alvorada. No meio da gurizada divisou a figura do filho, cuja fisionomia ainda se apresentava abatida em virtude da doença. Seu rosto se iluminou com um sorriso cheio de alegria quando identificou a mãe do lado de fora que o esperava.

— Oi mamãe, hoje quero lhe mostrar meu caderno, a professora me deu uma estrelinha e escreveu parabéns! – gritou com alegria típica das crianças entusiasmadas, enquanto transpunha o portão da escola e ganhava o lado da rua.

Elídia, com a visão do filho, esqueceu-se completamente de seus problemas e sua tristeza. Abraçou o filho com carinho enquanto o menino envolvia seu pescoço em um abraço e a beijava no rosto. Mal poderia imaginar que aquele seria o último beijo do filho que, rápido como um serelepe, desvencilhou-se dos braços maternos.

— Mamãe, deixa eu devolver este lápis para o meu amigo Lilico que está do outro lado da rua.

Sem que Elídia pudesse esboçar qualquer reação, o garoto tentou a travessia da rua que normalmente era tranqüila.

De repente, Elídia nota um carro que, de forma imprudente, destoando dos demais veículos que trafegavam de forma lenta e cuidadosa, vem em alta velocidade pela avenida como um bólido desgovernado. O motorista dirigia como um alienado, ignorando os sinais de advertência que recomendavam a diminuição da marcha por estar próximo de uma escola pública. Ele parecia estar correndo de si mesmo.

O burburinho da petizada, os gritos alegres e argentinos, o corre-corre próprio da idade alegravam a tarde, qual trinado de pássaros, enchendo o ar de alegria e descontração da criançada. O grito desesperado de Elídia não foi suficiente para evitar a tragédia, dada a velocidade do veículo: o ruído estridente do pneu e a violenta freada foram inúteis, a batida foi inevitável e a criança arremessada a alguns metros de distância. O impacto fôra muito violento.

Silêncio mortal se fez por alguns segundos enquanto a platéia atônita assistia incrédula ao que acabara de acontecer. A alegria de segundos antes é substituída pela dor e pela incompreensão. O grito de desespero e agonia da mãe enlouquecida ecoou no espaço enquanto o pequeno corpo qual uma pluma soprada pela fúria dos ventos, descreveu uma parábola no espaço indo se estatelar a meio fio. Um passarinho não teria tido morte mais rápida. Quando a mãe aos prantos levantou o corpo do filho, todo ensangüentado, já havia exalado o último suspiro. A dor e o desespero daquela criatura eram comoventes, abraçada ao filho em lágrimas, tentando compreender porque em fração de segundos se consumara tragédia tão terrível.

O veículo só conseguiu parar a alguns metros de distância e o motorista desceu do carro em estado de choque. O que fizera com sua imprudência? Tirara a vida de uma pobre criança? “Meu Deus, o que fiz?” – tentava raciocinar, mas seus pensamentos estavam desconexos, enquanto se dirigia ao palco daquele tão doloroso acontecimento.

O que estava ocorrendo de errado com o Dr. Henrique? Agora que parecia que tudo conspirava a seu favor, algo parecia não se encaixar nas encruzilhadas de sua vida atribulada. Advogado bem-sucedido, tivera carreira meteórica após a formatura, conseguiu estágio em importante escritório da capital paulistana, conquistara a simpatia de seus superiores, o que lhe permitiu, em pouco tempo, ascender a postos elevados dentro da organização, chegando, em poucos anos, à condição de sócio-gerente, o que provocava ciúmes e inveja nos colegas menos afortunados e em alguns funcionários.

Personalidade forte, agradável e ambicioso, mas, acima de tudo, competente. Quando alguma questão de maior importância exigisse o concurso de um profissional de peso como forma de garantir o sucesso da ação, o Dr. Henrique era indicado e, ano após ano, processo após processo, o tempo apenas vinha confirmar o raro talento do causídico para as questões legais.

Portador de grande senso de oportunidade, sabia aproveitar como poucos a maré e os ventos favoráveis, fatores estes que, aliados à sua responsabilidade e garra, moldaram seu caráter um tanto quanto egoísta, pois não se importava se necessário fosse passar por cima de colegas para atingir seu objetivo. O sucesso, a fama, o dinheiro e a posição de destaque dentro da organização foram apenas questão de tempo.

Extremamente ambicioso, mas também um grande estudioso das leis, conhecia sobejamente os meandros da legislação, portador de raro talento para interpretar as situações mais intrincadas, recorrer de sentenças, interpôr recursos, agravos de instrumento, protelar decisões e, enfim, reverter a favor de seus clientes as causas mais complicadas. Quando havia alguma situação extremamente difícil considerada perdida, seu nome era imediatamente lembrado:

— O Dr. Henrique deve assumir este processo – recomendava orgulhoso de seu pupilo, Dr. Giácomo, sócio-diretor do escritório. — Apenas ele pode reverter esta situação a nosso favor – concluía aos seus pares. Desnecessário dizer que a opinião era unânime e o jovem causídico assumia mais uma responsabilidade.

Casou-se aos trinta e poucos anos com Deolinda, a filha de um dos diretores do escritório. A moça era de uma beleza ímpar e seu coração, oposto ao de Henrique, era extremamente generoso e compreensivo. Era difícil imaginar como duas pessoas tão diferentes entre si poderiam ser felizes na união matrimonial, mas desde a primeira vez que a filha do Dr. Giácomo colocou os olhos no rapaz em uma festa de fim-de-ano em sua casa, sentiu que aquele era o homem de sua vida. Para Henrique, o olhar de Deolinda não passou despercebido e daí para o namoro, foi questão apenas de algumas taças de champanhe e uma boa conversa em que o rapaz jogou todo seu charme, com entonação de voz e gestos previamente calculados.

Lógico que o Dr. Giácomo assistia a tudo com satisfação. Viúvo já há alguns anos, adorava a filha, mas sentia-se muito sozinho e sabia que Deolinda também sentia falta da mãe.

Quando havia resolvido convidar Henrique para a festa em sua mansão, já premeditava que algo pudesse acontecer entre eles. O jovem era uma promessa e, sem dúvida, seria um bom marido para sua filha favorita. Quando se casaram, o velho advogado não cabia em si de satisfação e contentamento. O futuro de Henrique seria brilhante e iria fazer de Deolinda uma mulher muito feliz.

Era verdade, a felicidade parecia não ter fim para o coração de Deolinda. Henrique trabalhava demais, invariavelmente chegava depois das 21 horas, e, volta e meia, tinha que viajar a negócios. Mas quando estavam juntos, tudo compensava. Henrique era carinhoso e atencioso para com a esposa, que sempre o recebia bela e arrumada, com um sorriso de encantamento e alegria. A moça havia se graduado em Direito também, mas Henrique nem queria pensar na hipótese de que a esposa tivesse que trabalhar. Para quê? Não tinham dinheiro suficiente? Em sua opinião, o trabalho para Deolinda era um sacrifício que sua esposa não necessitava. Deveria ficar em casa, cuidando dos afazeres domésticos e se preparando para quando viessem os herdeiros. Henrique dizia que não queria saber de babás nem empregadas cuidando dos filhos.

Assim os anos foram passando. Apesar de feliz, Deolinda sentia que sua vida estava se tornando vazia. Os filhos tão desejados não vinham. Buscaram soluções de tratamento médico com consultas aos mais renomados profissionais que pediam exames complexos. Consulta após consulta, exame após exame, foi constatada a esterilidade de Deolinda. Ela jamais poderia dar o filho que Henrique tanto desejava.

Dessa forma, apesar do amor que nutria pelo esposo, o sentimento de culpa ganhava espaço em sua mente de forma que com o passar do tempo, sentia-se asfixiada. Desdobrava-se em carinho com Henrique, mas percebia que o marido não era mais o mesmo homem apaixonado com quem se casara. Mas, no fundo, não o culpava, pois sabia que estava decepcionado, e dessa maneira, justificava para si mesma a falta de atenção e, o distanciamento que a cada dia se tornava maior entre os dois.

Henrique cada dia chegava mais tarde em casa. As viagens cada vez mais constantes. Embora entristecida, Deolinda procurava não demonstrar sua contrariedade e nem deixar que seu pai percebesse que algo não estava bem entre ela e Henrique. Sofria em silêncio e para ela era uma tortura, pois amava demais o esposo e, quando estavam juntos, normalmente ele respondia com monossílabas e, se procurava algum carinho, sentia que o marido havia se tornado indiferente. "Que tortura, meu Deus", pensava. O que poderia estar acontecendo com Henrique? Teria arrumado outra mulher? Este foi seu primeiro pensamento.

O dia era uma tortura constante e a noite, pior ainda, pois apesar da presença física do marido, sua ausência era completa. Foi quando conheceu uma vizinha de apartamento que havia mudado para seu prédio há poucos dias. Aparentemente por acaso, um dia retornando do supermercado, subiram juntas no elevador. Deolinda sentiu grande simpatia por Sabrina, a jovem vizinha. Sorriso fácil e uma alegria que irradiava espontânea contagiou-a imediatamente. A conversa estendeu-se à porta do apartamento como se conhecessem há tempo.

— Olhe, Deolinda, dizia Sabrina, se estiver se sentindo muito só, venha até meu apartamento. Até pouco tempo eu trabalhava em uma multinacional como secretária, mas mudou a política na empresa, eu e Cássio trabalhávamos na mesma organização e tive que me demitir, pois a empresa não permite parentes trabalhando juntos. Eles estavam tolerando, Cássio ocupa posição de destaque dentro da área administrativa, mas veio uma auditoria do exterior e não tive alternativa: ou era eu ou meu marido. Desde então tenho me sentido desambientada e muito só. Poderíamos passar as horas conversando e nos distraindo. O que acha?

Deolinda sorriu. Considerava-se falante, mas sua nova amiga, parecia que ganhava dela.

— Acho seu convite oportuno, Sabrina. Ultimamente tenho me sentido muito triste e solitária. Com certeza, poderemos ser boas amigas e fazer companhia uma para outra, não é verdade?

— Ótimo, então venha tomar um café comigo após às 15 horas. Vou ficar te esperando, está bem?

Combinaram. Quando se despediu, Deolinda estava impressionada com a nova amiga. Como poderia explicar? Tinham conversado apenas alguns minutos, mas sentia-se tomada por enorme simpatia. Tinha a viva impressão de que a conhecia há muito tempo. Depois de tantos sentimentos tristes, sentia-se novamente alegre como há muito não acontecia.

Às 15 horas, pontualmente, tocou a campainha. Sabrina abriu a porta de forma acolhedora, convidando-a para entrar. Admirou a simplicidade da sala, mas o que mais lhe chamou a atenção foi a enorme estante com grande quantidade de livros cuidadosamente dispostos de forma ordeira.

A anfitriã serviu delicioso cafezinho enquanto a conversa continuava animada entre as novas amigas:

— Interessante, dizia Deolinda, conhecemo-nos há poucas horas mas tenho a impressão de que a conheço de muito tempo.

Sabrina sorriu com o comentário.

— Se eu lhe disser que tive a mesma impressão, você acreditaria?

— É mesmo? Que engraçado, como se poderia explicar um fato como este? Não acha interessante que nós tenhamos nos encontrado por acaso há poucas horas e já nos comportamos como se fôssemos velhas amigas?

— Existem muitas explicações, Deolinda, mas eu particularmente tenho convicção de que nós não nos encontramos por acaso. Na vida nada é acaso, tudo tem uma razão lógica para os acontecimentos, nós é que não compreendemos as leis que regem o universo e as criaturas humanas. Qual sua religião?

— Minha religião? Eu sou católica, mas o que isto tem a ver?

— Muita coisa, Deolinda. Na verdade, eu gostaria de dizer-lhe que sou espírita e acredito que os encontros não são fruto do acaso.

Deolinda silenciou por minutos. Então Sabrina era espírita? Havia ouvido falar tantas coisas a respeito do Espiritismo que ficara com má impressão, mas o que dizer de sua amiga? Parecia-lhe uma pessoa boa e inteligente, e se afeiçoara tanto. Se Sabrina era espírita, significava que precisava compreender melhor aquela doutrina, pois jamais poderia supor que uma pessoa do nível de sua nova amiga pudesse abraçar algo que não fosse bom. Por fim respondeu:

— Sabrina, eu sempre ouvi falar a respeito do Espiritismo, mas não coisas boas. Não faço nenhum pré-julgamento, mas gostaria que você pudesse me explicar a respeito.

— Com todo prazer, minha querida amiga. Nós nos encontramos não foi por acaso. Tenho certeza que vamos fazer muitas coisas boas juntas, você verá. Veja a estante: a maioria são livros da literatura espírita. Eu adoro ler, mas Cássio, meu marido, é um estudioso a respeito do assunto. Você irá gostar de conhecê-lo.

— Pois é, Sabrina, embora eu não conheça nada a respeito, no fundo sempre tive muita curiosidade. Poderia me indicar algum livro que eu pudesse começar a ler?

— Lógico que sim. Vou te indicar este, disse levantando-se e apanhando na estante um livro de capa azul. Chama-se *Há dois mil anos,* escrito por Chico Xavier pelo espírito de Emmanuel. É um dos mais lindos que li até hoje e será leitura de fácil compreensão para você que não conhece nada do Espiritismo.

A conversa fluía de forma alegre e descontraída. Quando percebeu já eram quase 18 horas. Deolinda despediu-se da amiga com o coração leve como há muito tempo não acontecia.

Quando chegou em casa, a campainha do telefone tocou. Era Henrique avisando que chegaria mais tarde do que de costume, pois havia uma reunião inadiável com clientes importantes. Que não o esperasse tão cedo. Após atender o telefone, sentiu que uma sombra de tristeza se abateu sobre seu coração. Nem sentiu vontade de preparar algo para jantar, para quê? Sentar-se à mesa sozinha novamente?

Ligou a televisão, mas nem prestava atenção no que ocorria no vídeo. Desanimada, acomodou-se na poltrona quando observou sobre a mesa do centro da sala o livro que Sabrina havia lhe emprestado. Não estava com disposição para nada, sua vontade era apenas dormir, mas como que empurrada por forças invisíveis, apanhou o livro e começou a ler sem muito interesse.

Entretanto, desde o primeiro capítulo, surpreendeu-se com a leitura envolvente. A emoção tomava conta de seu coração a cada capítulo, de forma que não conseguia interromper. Ansiava por saber o destino das personagens nas intrincadas teias do destino. As horas voaram e quando deu por si, já eram 23 horas passadas. Henrique ainda não havia chegado, mas Deolinda sentia intimamente uma sensação de bem-estar e muita paz em seu coração. Sentia-se cansada, então resolveu deitar-se e prosseguir na leitura, mas logo foi vencida pelo sono, adormecendo profundamente. Nem percebeu a hora em que o marido chegou.

No dia seguinte, levantou-se cedo, preparou o café e colocou a mesa. Henrique levantou-se mais tarde que o habitual. Parecia de mau humor. Normalmente Deolinda iria questioná-lo para as explicações necessárias por ter chegado tão tarde, mas, naquele dia, não quis aborrecer o marido. Apenas puxou conversa para saber o que estava acontecendo, chamando-o carinhosamente pelo apelido.

— Rick, meu bem, você não está com a fisionomia boa. Alguma coisa não foi bem durante a reunião de ontem?

O Henrique ficou surpreso com as palavras de Deolinda. Já se levantara de cara feia justamente para desencorajar qualquer comentário, mas a esposa lhe falara com tanto carinho que se sentiu desarmado. Sorriu meio sem jeito, chamando-a pelo apelido como há muito tempo não fazia.

— Linda, me desculpe. Realmente ontem a reunião não correu de acordo com minhas expectativas. Na verdade, planejava conquistar uma grande conta de importante cliente para o escritório, mas infelizmente não consegui fechar.

— Ah, meu amor, se você quiser eu falo com papai para que te poupe um pouco. Acho que ultimamente você tem trabalhado demais. Não gostaria de te ver mau humorado novamente. Precisa ter cuidado para não ficar estressado.

— Não querida, não quero que aborreça seu pai. Afinal de contas, eu sempre dei conta do recado e a diretoria confia no meu trabalho!

— Mas não é justo, querido! Você não tem hora para chegar, viaja constantemente e eu tenho sentido que isto não está sendo bom para nós. Quase não conversamos mais. Apenas quero te ver bem e precisa se cuidar também. Uma hora dessas, precisa fazer um *check-up* para saber como está seu coração.

Henrique ficou pensativo por alguns minutos enquanto bebia o cafezinho com satisfação. Realmente, o café da esposa estava muito saboroso. Por fim, respondeu automaticamente:

— Eu estou bem, Linda, e pare de preocupar-se comigo.

Dizendo isto, levantou-se dando a conversa por encerrada enquanto apanhava o paletó e seu inseparável *note book*. Mas antes de sair, Deolinda apenas complementou resignada:

— Rick, querido, sabe que eu fiz uma amizade nova? É a nova vizinha do 172, chama-se Sabrina e é um amor de pessoa. Gostaria que você a conhecesse.

Henrique despediu-se com um beijo displicente enquanto respondia:

— Ótimo, meu bem, não vai faltar oportunidade. Quem sabe no final de semana? É bom mesmo que você faça amizades novas, quem sabe poderá te ajudar a passar o tempo. Cuide-se querida!

Deolinda viu-o entrar no elevador e ir-se mais uma vez. Sentia que a cada dia se distanciava mais do marido, mas como reagir? Ainda o amava e a sensação de que a traía a magoava demais, mas não desejava deixar transparecer sua tristeza para ninguém. Fechou a porta e ficou pensativa por alguns minutos. Recordou o livro que estava lendo e desejou voltar a ler novamente, pois havia sentido um bem-estar indizível.

Sentia-se magnetizada pela história. Queria devorar o livro para saber o que aconteceria. A história dos primórdios do Cristianismo nascente era envolvente. Sentia-se identificada pela personagem e sofria junto surpreendendo-se, mais de uma vez, com lágrimas nos olhos. Como admirava a coragem daquelas criaturas, afrontando todas as dificuldades com amor no coração. Fechou os olhos vendo-se como que vivendo naquela época. Como deveria ter sido bom encontrar-se com Jesus, ter a oportunidade de olhar em seus olhos e ouvir sua voz. Será que era possível uma criatura ter vivido outras vidas? A reencarnação era um fato real ou uma ficção?

As perguntas fervilhavam em sua mente, mas a curiosidade e a emoção da leitura a impulsionavam a continuar lendo. Eram aproximadamente 15 horas quando a campainha tocou. Foi atender.

Era Sabrina, sua nova amiga. Abriu a porta com um sorriso de alegria. Na verdade, sentia que, apesar de todos os problemas, algo novo brotava dentro de seu coração. A amizade de Sabrina fazia-lhe bem e a leitura do livro trazia-lhe novos conceitos para sua alma.

— Sabrina, como estou feliz que tenha vindo me visitar!

— Estava pensando em você, minha amiga. Está tudo bem contigo?

— Sim, tudo está bem, exceto esta curiosidade que me devora. Estou quase acabando o livro que me deu e estou adorando.

— Ótimo, minha amiga, quando acabar de ler, se quiser, posso lhe emprestar outros livros, inclusive o *50 anos depois* (1) que é uma continuação deste livro.

— Ah, Sabrina, quero sim, pois estou adorando esta leitura. Engraçado, então a filosofia espírita é assim? Eu sempre tive receio e reservas a respeito do Espiritismo, mas confesso que estou encantada com o que estou lendo.

— Que bom, minha amiga. Você vai descobrir muitas coisas novas, a razão de nossa vida, de onde viemos e para onde vamos. Os porquês que antes não tinham respostas, você vai verificar que para toda conseqüência existe uma causa justa, a lei de Ação e Reação, o porquê de tantos encontros e desencontros. Enfim, na medida em que você conhecer melhor os princípios básicos da doutrina, irá perceber que tudo está certo na vida. Porque encontramos pessoas com quem afinamos e queremos bem e outras que, por mais que nos esforcemos, não conseguimos ter simpatia? Porque tantas diferenças entre as criaturas? Um é pobre,

(1) Livro de Emmanuel, psicografado por Chico Xavier

outro rico, outro é belo, outro é feio, outro é saudável, outro doente, uns já nascem com problemas congênitos enquanto outros nascem e morrem em tenra idade. Porque tantas diferenças? A doutrina nos conduz à fé raciocinada, para que possamos compreender pela ótica do raciocínio lógico, do entendimento, que para tudo existe uma explicação justa, racional e sensata, sob a luz da razão.

Deolinda ficou pensativa por alguns segundos envolvida em seus pensamentos. O que Sabrina lhe dizia era verdade, raciocinava. Sempre se questionara sobre a justiça de Deus. Porque existem os que, como ela, já nasciam em berço de ouro, enquanto outros nascem em tugúrios? Por que os bons sempre sofrem mais enquanto que os maus, aparentemente, vivem felizes? Por que existem aqueles que têm sensibilidade natural e outros verdadeiros trogloditas? Por que existem criaturas santificadas pela bondade e outras cruéis, verdadeiras bestas humanas? Por que amamos alguns e sentimos aversão por outros, muitas vezes sem que nada nos tenham feito para justificar? Existiria mesmo a reencarnação?

Depois de algum tempo de meditação em que Sabrina sabiamente permaneceu em silêncio, Deolinda indagou:

— Sabrina, nós nos conhecemos há tão pouco tempo, mas guardo a viva impressão que já a conheço desde séculos. Não é engraçado?

Sabrina sorriu ante a colocação espirituosa da amiga.

— A verdade, Deolinda, é que realmente nos conhecemos já há muito tempo. Pensa que nosso encontro foi casual? Na vida não existe o acaso. Você tem esta forte impressão que já nos conhecemos há tempos, não é verdade? Eu não tenho dúvidas de que já vivemos juntas em outras existências.

— Então você acredita em reencarnação?

— Não somente acredito, Deolinda, como tenho plena convicção. Aliás, um dos princípios da básicos da Doutrina dos Espíritos é a reencarnação. Você acha que Deus, nosso Pai de amor e misericórdia, sumamente bom e justo, poderia criar leis inexoráveis que mandassem para o céu ou para o inferno seus filhos com base em apenas uma existência? Inclusive esta história de céu e inferno está muito mal contada, pois não existe o local de fogo eterno onde deverão queimar para a eternidade os filhos desobedientes do Pai, nem um local de eterna ociosidade onde estariam destinados os eleitos do Senhor para ficarem o tempo todo adorando e louvando a Deus. É através da reencarnação que se processa a justiça divina, pois o que hoje é pobre, ou foi ou ainda será rico, e o rico recebe como "adiantamento" da bondade do Pai o "talento" da riqueza para que seja administrada com sabedoria. Dessa forma, poderá reencarnar em outras existências como criatura sem recursos, se não administrar com sabedoria o talento recebido. Analise a questão: porque uma pessoa é diferente da outra? Um já tem bondade no coração, enquanto outros ainda cultivam a maldade; outros recebem corpos perfeitos em detrimento daqueles que já nascem defeituosos. Alguns são inteligentes enquanto outros são excepcionais, com problemas de idiotia. Existem aqueles que tem sensibilidade de alma, pendores para a música e para as artes, outros para a matemática, outros para a medicina, enquanto observamos outras criaturas ainda rudes e grosseiras que apresentam dificuldades em efetuar um simples cálculo aritmético de dois mais dois. Todos são filhos de Deus, então porque as diferenças? O que pensar das crianças que falecem com tenra idade? Não tiveram oportunidade de viver nem de praticar o bem ou o mal. Qual seria o seu destino? O céu? O inferno? O purgatório? O limbo como dizem alguns? Não. O Senhor em sua sabedoria suprema não criaria leis tão falhas apenas para punir a maioria de seus filhos, pois em apenas uma existência de vida, quantos realmente fariam por merecer o paraíso eterno?

Sabrina deu uma pausa aguardando que a amiga pudesse acompanhar adequadamente seu raciocínio. Deolinda estava encantada com a dissertação da amiga. Realmente, pensava, tudo o que Sabrina dizia tinha muita lógica. Ela mesma quantas vezes questionara estas diferenças entre as criaturas? Passados alguns segundos, Sabrina continuou:

— Minha querida amiga, Deus, a suprema sabedoria do universo, causa primária de todas as coisas, fez a criatura humana simples e ignorante para que pudesse evoluir pelo seu esforço próprio. Nosso destino é a perfeição, à semelhança do nosso Criador, como diz o Evangelho. Fomos criados para sermos felizes. A alma em sua trajetória, qual tecelão cuidadoso, vai tecendo os fios de seu destino com as próprias mãos. Nosso amanhã depende do que estamos fazendo hoje e vivemos as conseqüências do que fizemos em nosso passado. Somos espíritos milenares que, em nossa trajetória, sempre retornamos ao palco da vida. As personagens mudam apenas de nome e roupagem, mas nos encontramos sempre, tanto os amigos queridos, como nossos desafetos do passado. O que malbaratamos em nossa invigilância, teremos novamente a oportunidade abençoada de reconstruir e refazer os laços que no passado destruímos. Por isto, Deus é sumamente bom e justo, porque não condena nenhum filho Seu, oferecendo sempre oportunidades abençoadas de renovação em cada existência, para podermos prosseguir sempre em frente.

Deolinda sorriu resignada. Por alguns segundos sentiu uma tristeza imensa em seu coração. Recordara como amava Henrique, e, nos últimos tempos, sentia um distanciamento irreparável. Seria um reencontro de outras vidas? Uma lágrima desceu pelo seu rosto. Sabrina percebeu que a amiga vivia um conflito no coração e precisava de entendimento e apoio. Abraçou-a carinhosamente e Deolinda soluçou. Sentia em seu íntimo que ainda amava seu esposo, mas percebia que a cada dia o perdia irremediavelmente. Qual o caminho a seguir? Descobria na nova amiga uma companheira leal que nunca tivera antes, alguém que lhe falava coisas que a ajudavam a entender os porquês da vida. Sim, Sabrina era uma amiga de verdade e sentia que nela poderia confiar.

Por fim, enxugou as lágrimas do rosto e abriu seu coração à amiga como se fora a uma irmã muito querida que nunca tivera.

— Sabrina, eu seria injusta se me queixasse da vida. Fui filha única e meus pais sempre me deram todo conforto e carinho. Tive boa vida, boas escolas, viajei pelo mundo, casei-me com o homem que amo, mas sinto-me infeliz. Por que, você poderia indagar, se tive e tenho tudo que desejo. Mas, ultimamente, tenho me sentido tão solitária, minha mãe faleceu há anos; meu pai, embora me ame, vive para o mundo dos negócios. Mas tenho me perguntado: o que realmente me faz infeliz? Minha vida é vazia, não tivemos filhos e cada vez mais sinto que Henrique vive em uma dimensão diferente da minha. Tenho-o cada vez mais raramente em corpo, espiritualmente não o sinto mais. Embora presente, sua ausência é um fato real e não estou sabendo lidar com isso tudo. O que fazer? Henrique viaja muito a negócios e participa de reuniões constantemente. Não posso criticá-lo pois esta é sua profissão, mas acho que para ele, na verdade, é uma fuga. Acho que tem outra.

— Ah! Minha amiga querida! Está vendo como nosso encontro não foi casual? Vou dizer-lhe uma coisa do fundo do meu coração: na verdade, você está com muito tempo disponível e sem ter com que preenchê-lo. A tristeza e a angústia são companheiras e costumam povoar os pensamentos em nossas horas vazias. Você tem que encontrar uma atividade que preencha seu tempo e que você possa sentir-se útil e feliz em fazer algo que te acrescente coisas boas ao coração. Dessa forma, verá que estes sentimentos baterão em retirada, porque não encontrarão espaço em sua alma. Não posso julgar se está certa ou errada em relação ao seu esposo, mas, com certeza, ao preencher seu espaço vazio, não terá tempo para divagações inúteis e improfícuas.

— Realmente, Sabrina, o fato de conhecê-la foi para mim um feliz acontecimento. Mas o que posso fazer para preencher meu tempo? Estudei direito sem nunca ter exercido minha profissão. Aliás, nem dona-de-casa sou, pois a empregada faz tudo. Na verdade, sinto-me completamente inútil.

— Olhe, como você já sabe, eu e Cássio somos espíritas. Freqüentamos um centro aqui do bairro e eu participo mais ativamente das atividades sociais como voluntária, assistimos muitas famílias necessitadas. Dedico alguns dias da semana, as horas que tenho disponíveis, para ajudar na creche mantida pelo centro. Ah, Deolinda, precisa ver cada criancinha tão linda e tão carente. Venha comigo amanhã. Tenho certeza que irá adorar este trabalho. Na verdade, eu me sinto recompensada, pois mais recebo carinho daquelas crianças do que tenho doado.

Deolinda sorriu satisfeita. A proposta da amiga soou como uma feliz alternativa para sua vida tão sem perspectiva. Sim, poderia preencher seu vazio oferecendo amor e carinho aos menos favorecidos da sorte.

Assim combinaram. Sabrina retirou-se e Deolinda, mais confortada, voltou à leitura. Estava nas últimas páginas e seu coração se emocionava com os acontecimentos. Quando terminou, precisou enxugar as lágrimas que desciam pelo seu rosto. Sentia-se reconfortada e fortalecida. Percebia que a vida estava muito além dos comezinhos do cotidiano da matéria, onde vivemos as aparências do mundo de César. Descobria que havia algo além dos horizontes das convenções humanas que conhecera até então. O Reino de Deus é de alegria para aqueles que sabem combater o bom combate.

O SAGRADO MANDATO

Nossa incursão naquela região escura que já era minha conhecida(2) tinha uma finalidade específica de estudos. A região apresentava-se pantanosa, a neblina era intensa e o aspecto de tristeza dominava o ambiente, repleto de árvores retorcidas, enleadas por cipós, qual escravas cativas de uma força que as dominava impiedosamente e cuja luta por libertação dos terríveis liames parecia inútil.

Na verdade, não necessitávamos nos demorar em demasia naquele sítio, apesar de nossa condição vibratória permitir livre trânsito sem maiores problemas, mas a demora prendia-se apenas ao tempo necessário para que pudesse avaliar minhas observações. O Instrutor Alexandre me esclarecia:

— Irmão Virgílio, de um modo geral, as regiões inferiores da erraticidade refletem apenas as forças mentais daqueles que nela estagiam. A escuridão, a neblina, o pântano são frutos das emanações mentais negativas de mentes poderosas e desesperadas, que projetam e dão formas ao ambiente específico das vibrações doentias e desequilibradas de nossos irmãos que ainda se encontram neste estágio de evolução.

Enquanto o Instrutor fazia sua dissertação, não pude deixar de notar que vultos escuros passavam à pequena distância voando

(2) Episódio do livro "Além do Infinito Azul" Capítulo I – Nos domínios das Sombras

pesadamente, como se fossem aves de mau agouro. Vendo meu olhar de indagação, esclareceu:

— Deve estar se perguntando por que criaturas neste estágio de evolução moral conseguem o poder volitivo, quando, em nossa colônia, espíritos em condições mais elevadas ainda necessitam de treinamento e tempo para adquirirem a condição de se deslocarem através da volitação. Em primeiro lugar, precisamos entender que o espírito em sua ascensão espiritual desenvolve a inteligência e o intelecto, o que em termos simbólicos poderíamos dizer que representa uma das asas do espírito eterno. Quando desenvolve a bondade, o amor e a pureza de coração, desenvolve a segunda asa, o que vale dizer que, o intelecto mais a bondade, dão ao espírito o equilíbrio necessário que lhe permite alçar vôos sem fronteiras. Para os espíritos cujas asas se completaram em sua evolução, deslocam-se à velocidade do pensamento. Não existem limites, fronteiras nem espaço. Os bons espíritos cujas asas ainda não estão suficientemente desenvolvidas, deslocam-se à grande velocidade pelo poder volitivo conquistado, mas ainda limitados às esferas de sua condição, e é o que mais comumente observamos em nossa colônia. Todavia, o que justifica irmãos nossos que ainda estagiam no umbral e que ainda apresentam a indumentária escura terem conquistado a condição volitiva? Como dissemos anteriormente, a inteligência e o intelecto permitem que estes irmãos possam alçar vôos pela força mental conquistada, mas, como pudestes observar, são deslocamentos rasteiros e pesados. Por mais que tentassem, jamais conseguiriam se elevar para esferas mais altas. As leis são sábias, de forma que oferece ao gracioso colibri a leveza do vôo alegre no azul infinito do céu, enquanto que o feioso morcego apenas consegue voar na escuridão da noite sem ter a bênção de aspirar o perfume das flores, nem observar a luz do sol refletida na imensidão do céu azul da criação divina. Mas tanto o beija-flor que nos enche os sentidos de alegria e festa quanto o desajeitado e feioso morcego, são criaturas de Deus. Assim também são estes nossos irmãos, destinados um dia a conquistarem a asa da bondade e do amor, e então conquistarem o espaço infinito tal qual um colibri alegre e festivo. O tempo se encarrega de colocar tudo em seus devidos lugares, Virgílio, o Senhor do Tempo não tem pressa!

Fiquei meditativo por alguns instantes. A locução do Instrutor era extremamente esclarecedora. Em meus pensamentos, pontilhei: o que seria mais interessante para o espírito eterno, conquistar primeiramente o intelecto ou a bondade e mansuetude de coração? Alexandre não se fez de rogado, respondendo-me imediatamente:

— Ah, Virgílio, como seria bom se todos escolhessem apenas a alternativa do bem, mas infelizmente não é assim. O espírito criado por Deus, simples e ignorante, em sua caminhada evolutiva conquistou o livre-arbítrio e juntamente com ele as responsabilidades. A cada lição, em cada momento, em cada existência, estagia nas mais diversas experiências. Alguns perseveram e se dedicam no caminho do bem, enquanto outros buscam a porta larga e se distanciam nos desvios dos caminhos tortuosos. Apenas poderia lhe dizer que aquele que primeiramente conquista a bondade de coração, adquire as condições mais apropriadas para, em seguida, desenvolver o intelecto. Mas nossos irmãos que desenvolveram primeiramente o intelecto, acabam prisioneiros de si mesmos, pois invariavelmente a inteligência, sem o equilíbrio da bondade, acaba transformando-os em verdadeiros gênios do mal e da destruição. Mas como já dissemos anteriormente, o Pai é paciente e espera sempre que os filhos pródigos, vencidos pelo cansaço e pelo desencanto de si mesmos, retornem à casa paterna. Jesus nos simbolizou em seu ensinamento que o Bom Pastor seria capaz de deixar todo seu rebanho na segurança do aprisco e descer no fundo do abismo, por mais tenebroso que fosse, para resgatar a última ovelha perdida!

Eu estava feliz pelos ensinamentos recebidos do Instrutor Alexandre. Sua aparência séria e compenetrada transparecia grande responsabilidade. Atencioso e afável, demonstrou satisfação com a tarefa que fôra investido de me orientar nos estudos da sensibilidade dos sentidos do ser humano. Às vezes, percebia em sua seriedade um sorriso jovial, o que me deixava muito à vontade ao seu lado. Sentia em Alexandre a condição de um irmão mais velho que se preocupa em orientar o irmão mais novo em condições de entendimento espiritual. Ao seu lado, sentia-me confiante e seguro.

Entretanto, ainda não pudera entender porque a presença de tantas árvores ressequidas, encarquilhadas e presas a terríveis parasitas, representados por cipós de toda ordem. Alexandre sorriu-me significativamente, respondendo à minha indagação:

— Como já dissemos anteriormente, Virgílio, as criações mentais, fruto das mentes sofridas, desequilibradas e poderosas, além de materializarem as formas de pensamentos negativos e a neblina escura, atingem também a natureza que se manifesta, sugando-lhes as energias. Por isto, a triste aparência de morte do cipoal que envolve as árvores ressequidas. É um reflexo da dolorosa condição mental dos irmãos que aqui se encontram. Enredados e presos à sombra da própria imperfeição, pela condição negativa que ainda cultivam em seus corações e sentimentos, materializam a própria dependência como o cipó arraigado às árvores que povoam esta região.

Tudo o que o Instrutor me dissera convidava-me à meditação silenciosa. Sem dúvida, Deus, o criador da vida, a suprema bondade e sabedoria, em sua obra divina, estabeleceu leis sábias e perfeitas, de forma que cada criatura quando transpõe o limiar da eternidade, recebe a devida recompensa pelo que praticou. Assim, o justo, o manso de coração, a criatura de boa vontade, o que cultivou amor e soube perdoar, o que estendeu as mãos ao semelhante, independente da religião professada, enfim, aquele que seguiu as pegadas do Mestre Jesus, recebe a justa recompensa fazendo por merecer estagiar em regiões de paz e harmonia onde a luz do Senhor brilha dia e noite!

Muitos de nós vivem uma existência sem sequer volver os olhos ao próximo que sofre, esquecendo que todos somos irmãos e necessitados diante da bondade do Pai Eterno! Apegamo-nos em demasia aos bens transitórios da vida como se fôssemos viver eternamente. Quando somos surpreendidos pela passagem inexorável da vida material para a espiritual, sentimo-nos desalojados do mundo das paixões fugazes, totalmente despreparados, tal qual um imigrante em terras estranhas, sem saber para onde ir.

Poderíamos pensar: Deus é justo com estas criaturas? Estariam desamparadas diante da misericórdia Divina? Mas então, o que dizer ainda daqueles que além de ignorarem as verdades eternas, ainda praticaram o mal? Dos que se locupletaram dos recursos públicos em detrimento da fome e miséria do povo? Dos que malbarataram o erário destinado ao remédio ao necessitado, o recurso ao desvalido? Dos que se enriqueceram com o dinheiro ilícito? Dos que usaram o nome do Senhor e sua palavra para enganar as criaturas em sua boa fé? Sem dúvida, Deus em sua infinita bondade ampara cada filho seu por mais errado que ele seja, mas tudo no momento certo, pois a lei de misericórdia não exime o infrator do devido corretivo e, por esta razão, ainda existem regiões purgatoriais de dor e sofrimento ainda mais terríveis que a visitada naquele momento [(3)].

Volta e meia ouvia lamentos e gemidos. Gritos de revolta entremeados com gargalhadas debochadas cortavam o ar. Notava magotes de irmãos dementados caminhando a esmo enquanto outros se compraziam na estranha diversão de atormentar criaturas alienadas que pareciam desesperadas em fugir daquele lugar, sem, entretanto, lograr êxito algum. Fiquei imaginando: o que impelia aquelas criaturas a se restringirem àquela região? Como explicar o fato de que não pudessem galgar por vontade própria uma esfera imediatamente superior e fugirem daquele tormento? Alexandre, que ficara até então em silêncio em respeito às minhas elucubrações mentais, respondeu-me:

— A verdade, Virgílio, é que tudo está certo na obra da criação. Nosso corpo perispiritual é a vestimenta que se serve o espírito eterno em sua trajetória evolutiva. No mundo da matéria, poderemos enganar todas as criaturas que nos rodeiam, mas quando a morte nos despe do envoltório denso da carne, iremos

---

(3) Episódio do livro "Mansão dos Jovens" – Cap. XI – O Portal do Abismo.

mostrar quem realmente somos através de nosso perispírito. Conforme já mencionamos antes, aquele que amou a Deus, que foi bom e caridoso, verá refletido em sua túnica espiritual o resultado de sua ações, atitudes, pensamentos e obras através da luz. O corpo perispiritual, na medida em que o espírito evolui, torna-se cada vez mais sutil e luminoso, imponderável, o que lhe permite "subir" por assim dizer e galgar esferas mais elevadas da espiritualidade. Entretanto, o inverso também é verdadeiro, pois aqueles que viveram para a matéria, que cultivaram a maldade e o mundo dos enganos, apresentarão o corpo perispiritual denso, pesado, escuro. Às vezes, tão materializados que apenas a dimensão espiritual os separa do mundo físico, dada a contextura grosseira do perispírito. Estes irmãos, por mais que queiram, ficam chumbados, presos a uma das leis primárias do Universo que é a Lei da Gravidade, que os puxa para "baixo" por assim dizer, apenas como referência, pois não existe "alto" nem "baixo" no cosmo, mas regiões inferiores e superiores da espiritualidade.

A elucidação de Alexandre efetivamente trouxera esclarecimento definitivo sobre minhas dúvidas. Tudo era uma questão de ação e reação, causa e efeito. Cada um colhe o que semeia e, por este motivo, Jesus sempre nos alertava: "A cada um, segundo suas obras".

Seguimos nossa caminhada por mais algum tempo, alcançando por fim as cavernas já minhas conhecidas, próximas ao Galpão de Razor. (4)

Na verdade, nosso objetivo final era participarmos de uma reunião da legião dos obsessores comandados por um dos chefes de Tamerlão, que se denominava Polifemo. Sua estatura era descomunal e sua compleição física avantajada e grotesca. À primeira vista, lembrava um gigante da mitologia. Mas seu semblante revelava ser portador de argúcia, inteligência e muita maldade. Alexandre me esclareceu que Polifemo era o braço direito de Tamerlão nos processos obsessivos direcionados aos

(4) Episódio do Livro "Além do Infinito Azul"

trabalhadores do bem encarnados, especificamente às casas espíritas e aos médiuns de um modo geral.

A reunião já estava em andamento quando adentramos a enorme caverna, cujo ambiente apresentava vibração pesada e asfixiante. Entretanto, como nossa condição vibratória era mais sutil, nada tínhamos a temer por estarmos imunizados pela barreira natural que nos separava daqueles espíritos. Um dos obsessores comentava:

— O meu grupo – dizia um dos chefes de equipe subordinados a Polifemo – tem logrado algum êxito, particularmente nos novos candidatos à mediunidade. Temos procurado envolver alunos das Escolas de Médiuns, aqueles iniciantes, instilando-lhes preguiça e dúvidas.

Polifemo sorriu satisfeito, parabenizando o chefe da equipe obsessora:

— Muito bem, primeiramente temos que transmitir dúvidas naqueles que estão iniciando. Quando existe dúvida na mente do candidato a médium, aí então devemos instilar preguiça, indolência e sugerir outro tipo de diversão. Transmitam-lhes idéias que a mediunidade é um fardo pesado para carregar e que o médium será sempre um prisioneiro do Espiritismo! Nos dias de reunião, procurem fazer com que recebam alguma visita que atrapalhe sua presença no grupo. Se necessário, façam com que haja alguma desavença no lar, no trabalho ou no trânsito, pois assim o médium inexperiente não oferecerá muita resistência e o resto fica fácil.

Olhei para o Instrutor Alexandre que fez um gesto significativo. Agora estava compreendendo porque muitas escolas de médiuns começam com grande número de alunos, mas no final, resta apenas um punhado. Os que ficaram é porque se mantiveram mais firmes e vigilantes e perseveraram até o fim, resistindo às sugestões infelizes dos nossos irmãos que ainda se comprazem no mal. A reunião continuava animada, enquanto outro chefe argumentava suas dificuldades:

— É, concordo que tirarmos do caminho aqueles que ainda estão iniciando seja também importante, pois contribui para que não se prolifere em demasia o grupo de trabalhadores espíritas, mas temos que combater também os trabalhadores mais experimentados, estes sim contribuem para o sucesso da casa espírita. Porém, reconheço que não é fácil. A maioria busca, no trabalho e na aplicação do bem, um escudo, e suas mentes praticamente ficam inacessíveis. Vez ou outra provocamos problemas mais graves através de forma indireta, seja através da esposa que ainda não participa, seja através do chefe no trabalho, seja através de problemas no trânsito, e tenho me surpreendido, pois grande número de trabalhadores buscam na oração e na vigilância a proteção que fecham as portas mentais para nossas sugestões! Ultimamente os resultados têm sido desanimadores e preciso de orientação para redirecionar o trabalho de minha equipe e ter sucesso.

A platéia ficou em silêncio esperando a palavra de Polifemo que me surpreendeu pela inteligência em sua manifestação. Em vez de vociferar com sua voz gutural, ou dar um murro na mesa e irar-se contra seu subordinado, o gigante passou a mão pelo queixo, pensou por alguns segundos e em seguida respondeu com voz pausada, mas firme:

— Sua observação foi bastante oportuna. Prestem bastante atenção todos. Realmente, os trabalhadores experimentados são de difícil acesso e inclusive precisamos ter cuidado para não sermos apanhados nas armadilhas montadas pelos guardiães das casas espíritas. Mas vejam, qual ainda é o ponto fraco do ser humano? Vamos, respondam-me que eu quero ouvir e saber se vocês realmente aprenderam a lição.

Enquanto o silêncio reinava no ambiente, alguém levantou a mão e comentou:

— O sexo!

Polifemo sorriu satisfeito.

— Sim, o sexo!!!. Quem resiste à tentação do sexo? Então nosso trabalho tem que ser direcionado. A tentação do sexo desvirtuado leva a quedas formidáveis o mais honrado dos homens, pois ainda o ser humano não sabe como conviver com as tentações da carne. Os trabalhadores experientes terão que passar pela tentação do sexo. O trabalho tem que ser gradativo e perseverante. Identifiquem na vizinhança, no trabalho, no meio de convivência do trabalhador ou trabalhadora, criaturas que sejam suscetíveis às nossas sugestões e, dessa forma, procurem envolver o médium. Que lar pode resistir, quando o marido arruma uma amante e vice-versa? Que moral pode ter o trabalhador quando sua consciência começa e pesar por saber que está agindo de forma contrária ao evangelho? Aí então começa nosso trabalho para valer e então será a derrocada do trabalhador que, desmoralizado, será presa fácil. Mas aviso, sejam duros e exigentes com os integrantes de vossas equipes, pois absolutamente não posso admitir fracasso. O que vamos dizer depois ao nosso Imperador?

A platéia estava satisfeita com as orientações de Polifemo. Mas ainda havia outros chefes que queriam apresentar suas observações. Um deles comentou:

— Chefe, tenho, juntamente com minha equipe, atuado junto às pessoas que buscam nos centros espíritas orientação e consolo. Com alguns temos resultado de imediato, pois conseguimos demover de suas mentes o desejo de aprender a respeito da doutrina. Mas, não podemos penetrar no ambiente das palestras nem dos passes e tenho observado que muitos conseguem mudar o padrão vibratório tornando-se inacessíveis às nossas sugestões. O que fazer?

— Ora, ora, todos vocês sabem de cor e salteado o que devem fazer. Apenas temos que perseverar. Num primeiro momento, o candidato a discípulo do Espiritismo se deslumbra e quer modificar o mundo e nestas condições realmente não temos condições de acesso mental, pois passam a vibrar em diapasão mais elevado, inacessível para nós. Mas não podemos desistir. Fiquem atentos, deixem o tempo passar. Vão observar que, passado o entusiasmo do primeiro momento, o "fogo de palha" como se diz, muitos se entregam à indolência, e aí então agimos. O resultado já conhecemos, não tem erro.

A reunião continuou animada, planos foram traçados e registrados em uma espécie de mapa que Polifemo tinha sobre a mesa, que indicava os pontos de atuação mais intensa.

De um modo geral, eu já conhecia o *modus operandi* das equipes obsessoras, mas estava impressionado com a organização e a liderança exercida por Polifemo. Ao contrário de outros chefes que eu conhecera, aquele me parecia mais perigoso, pois sua autoridade era incontestável junto às equipes, cuja obediência era cega. Já tínhamos ouvido tudo que necessitávamos, mas, antes de deixarmos a grande caverna, Alexandre me esclareceu a respeito de um ponto importantíssimo, para efeito de compreensão dos processos obsessivos.

— Podemos identificar dois tipos de obsessores, Virgílio. O primeiro, poderíamos considerar os inimigos do passado, aqueles que em outras existências prejudicamos e agora nos cobram a dívida que se julgam credores. Estes irmãos erram por quererem se fazer donos absolutos do instrumento da justiça, mas, no fundo, são infelizes pois toda vingança traz consigo o gosto amargo, a tristeza e a infelicidade. Num processo obsessivo movido por um inimigo do passado, tão logo possa ser demonstrado o engano que cometem e fazer com que percebam que seu destino é também ser felizes, libertando-se das algemas do ódio e da vingança, estes irmãos são honestos com seus princípios e seus sentimentos, que temporariamente ficam obscurecidos pelo fel do rancor da auto-obsessão, da vingança, freqüentemente se transformam qual crianças desamparadas, chorando de arrependimento ao reencontrarem os laços dos afetos mais sagrados que ficaram no passado de suas memórias. Quantas vezes aquele terrível inimigo sem fronteira do encarnado, após um período necessário de doutrinação, em que seu coração é abrandado pelo sentimento de amor da espiritualidade que o envolve, transformam-se em lágrimas abundantes, num misto de arrependimento e alegria, quando ele é colocado frente a frente com aquelas que foram suas genitoras no passado, ou algum ente querido que a vingança o privou da convivência. O segundo caso, e mais perigoso, é o que acabamos de verificar. Não são nossos inimigos do passado, mas inimigos do Evangelho do Cristo, inteligentes, bem orientados e com objetivo muito bem definido. Estes são os processos obsessivos que podem levar muitas criaturas a abismos insondáveis, tendo como objetivo final a derrocada das casas de oração, os trabalhadores do bem, os candidatos a discípulos do Mestre, independente da religião que abraçam. Hoje estas legiões estão mais preocupadas em atacar o Espiritismo e seus trabalhadores, por ser ela a doutrina que esclarece e liberta a criatura humana. Se, no primeiro caso, a solução, embora trabalhosa, se apresenta mais fácil, no segundo caso, a solução é extremamente complicada, pois como doutrinar quem deliberadamente age contra o Evangelho do Cristo com conhecimento de causa? Por esta razão, nunca é demais repetir que se Jesus nos recomendou a "Oração e a Vigilância", não foi por mero acaso.

Deixamos para trás aquela triste região de purgação e sofrimento, de domínio das mentes sombrias. Deslocamo-nos rapidamente pois a noite ia avançada. Ainda teríamos o privilégio de assistir a uma palestra que seria proferida por um irmão de esferas mais elevadas, segundo me informou o Instrutor Alexandre.

Sentia-me feliz por estar de volta ao Grande Salão das Comunicações para Todos os Planos. Enquanto aguardávamos o início da preleção, Alexandre me orientava:

— A mediunidade, Virgílio, para quem é leigo, ainda é encarada como um tabu. Comumente observam-se pessoas até esclarecidas que, premidas por problemas de ordem espiritual, esgotam os recursos na medicina ou nos tratamentos da psiquiatria e, como última alternativa, buscam o concurso da terapia na casa espírita. Fazem o tratamento encontrando a melhora, mas quando o dirigente orienta para o desenvolvimento da mediunidade, são tomadas de verdadeiro pavor e desaparecem, até que novamente, pressionadas pelas circunstâncias, retornam forçadas pela guante da dor e da angústia. Jesus nos orientava que "quem não caminhasse pelo amor, caminharia pela dor".

Meditei alguns segundos sobre a ponderação do Instrutor, reconhecendo o acerto de sua observação. Eu mesmo, em minha última existência, havia professado o catolicismo e quando ouvia falar em médium espírita, sentia verdadeira aversão por entender que o Espiritismo era coisa de pessoas mentalmente fracas e ignorantes.

O Instrutor fez silêncio respeitoso, pois pairava no ar suave música nos convidando à prece, como indicativo de que o visitante da noite estava por adentrar ao ambiente do Grande Salão, que, como de costume, estava lotado. Notei entre os presentes, através do cordão fluido, diversos irmãos ainda encarnados que participavam daquela reunião enquanto seus corpos físicos repousavam no sono reparador, para despertar num novo dia, com alegria e disposição no coração.

Enquanto sentia-me envolvido naqueles doces eflúvios de luz e amor que saturavam o ambiente, veio-me à memória a lembrança de Petrônio e do Instrutor Aurélio(*) e os ensinamentos recebidos daqueles amigos tão queridos. Naquele instante, a música diminuiu seu tom e notei então que o visitante da noite já se fazia presente entre nós. Só então percebi no alto da tribuna, aureolado por intensa luz de tonalidade azulada, a figura do Instrutor Aurélio. Meu coração se rejubilou de alegria. Ao meu lado, o Instrutor Alexandre sorriu com satisfação. A palestra da noite iria começar.

— Queridos irmãos em Cristo, começou o orador. Hoje nossa tarefa é falar-vos a respeito da mediunidade. O que é a mediunidade? Para alguns, é a oportunidade abençoada do trabalho com Cristo, motivo de alegria e possibilidade de progresso espiritual. Para outros, particularmente aqueles que não conhecem a Doutrina de Kardec, trata-se de um grande enigma e um motivo de preocupações. A mediunidade é a sensibilidade da alma, uma conquista do homem em seu processo evolutivo, um privilégio do ser humano que no aprimoramento desta faculdade com amor e equilíbrio, abre as portas para a luz da espiritualidade superior, ampliando seus horizontes e suas possibilidades de progresso! Entretanto, observamos ainda que a maioria das criaturas, talvez por desconhecer os mecanismos da mediunidade e seu significado na escalada evolutiva, se assustam quando numa consulta mediúnica o orientador lhes

---

(*) Personagens do livro Além do Infinito Azul *– Nota do médium*

informa que precisam desenvolver a mediunidade! Por esta razão, precisamos conhecer melhor o “fator” mediunidade e sua importância como ferramenta evolutiva da criatura humana na sua ascensão em direção ao Criador! Mas o que é a mediunidade? Como já dissemos, mediunidade é, antes de mais nada, uma conquista da criatura humana em sua trajetória evolutiva, uma sensibilidade da alma que permite o intercâmbio com o plano invisível. Mas existem ainda outras denominações que a semântica permite variações. Alguns dizem que é o Sexto Sentido, outros, o Sentido Extrasensorial. Nós simplesmente denominamos o termo como “Mediunidade”. E o que é o médium? Médium com Cristo é aquele que tem o privilégio de servir em nome do Mestre. É o servidor que desenvolve sua sensibilidade e utiliza-a com sabedoria, como ferramenta preciosa a serviço do bem. É o que aprende a servir com simplicidade e a amar com desapego! É o trabalhador da última hora que, chamado ao trabalho na vinha do Senhor, não se recusa ao trabalho operoso e gratificante. Tem consciência de que não irá resolver todos os problemas do mundo, mas sabe também que sua contribuição é importante para um mundo melhor. Queridos irmãos, o médium a serviço do Cristo é sempre um intermediário do bem onde quer que esteja, seja oferecendo um copo de água ao sedento, um pedaço de pão ao faminto, vestindo um desnudo, visitando o doente ou o encarcerado, levando alegria às crianças abandonadas nos orfanatos da vida, ou ainda abraçando as criaturas esquecidas nos asilos, que no ocaso da existência amargam a saudade dos entes que mais amaram, para quem um simples abraço, um beijo fraterno ou uma palavra amiga tem um significado muito especial. Médium é aquele que oferece o ombro amigo, que exercita a paciência e tolerância para com o próximo, que tem sempre uma palavra de reconforto, esperança e positivismo onde quer que esteja e com quem quer que possa estar. O medianeiro do Cristo é a criatura de boa vontade, pronta para arregaçar as mangas e trabalhar em favor do bem, ajudando uns aos outros, sem preocupação com os credos religiosos e respeitando as convicções dos irmãos que não comungam da mesma filosofia. Nosso querido irmão Francisco de Assis simbolizou em sua oração todo o significado do que é ser médium a serviço do Senhor, quando, em prece fervorosa, pediu contristado ao Senhor dos Séculos: "Senhor, fazei de mim um instrumento de sua paz..." Esta oração nos ensina o verdadeiro sentido e o espírito do que é ser médium e o que é mediunidade.

O Instrutor Aurélio fez uma pausa natural, talvez para que pudéssemos melhor assimilar seus ensinamentos. O silêncio era geral na platéia pelo magnetismo que nos envolvia a todos e pelo momento maravilhoso em que nós como espectadores privilegiados tínhamos a oportunidade de ouvir tão elevados conceitos a respeito da mediunidade. O Instrutor prosseguiu em sua locução emocionante:

— Irmãos em Cristo, a mediunidade a serviço de Jesus é uma fonte inesgotável de energias salutares que nos conduzem às trilhas de luz! Mas não podemos olvidar que, além de tudo que já dissemos, mediunidade é também se doar nos trabalhos mediúnicos para esclarecimento das mentes mergulhadas nas trevas da ignorância, operando nas linhas de frente deste intercâmbio maravilhoso, a serviço do soerguimento de nossos irmãos menos felizes que ainda vivem mergulhados e presos à sombra de suas próprias imperfeições, ou ainda, libertando do cipoal do sofrimento as criaturas presas aos dramas das terríveis obsessões. Uma candeia que se alumia e um irmão que se liberta, já vale a pena nesta luta sem fronteiras, mas que sempre é gratificante e compensador combater o bom combate! O trabalhador de Jesus, o Discípulo do Cristo, o Servidor do Mestre, o Irmão dos menos favorecidos, o Servo de Boa Vontade é o médium privilegiado, o escolhido a servir e a trabalhar com o Divino Amigo, que nos recomendava sempre, amar, servir e passar sem olhar para trás. Que vossa mão esquerda não saiba o que fez a direita, nos recomendava o Inolvidável Amigo.

— Mas, meus irmãos queridos, não podemos nos esquecer que a mediunidade é tal qual uma flor que desabrocha, perfumada e bela, porém que também tem seus espinhos. O médium tem que estar atento às tentações que a vida mundana oferece, à vaidade que muitas vezes exacerba os limites e nos conduz a verdadeiros abismos, ao orgulho que ainda nos tolda a lógica e a razão. Então, o medianeiro do Cristo precisa ser perfeito? Não, não podemos ter a pretensão de nos tornarmos santos em apenas uma existência, mas temos que ter consciência e estar atentos às nossas imperfeições e através da reforma íntima, combatê-las aos poucos. A mediunidade exige sacrifícios, mas os médiuns de tarefa não foram escolhidos ao acaso. Podemos ter certeza que todos os sacrifícios e renúncias quando a serviço do bem maior valem a pena! Poderíamos dizer, queridos irmãos, que a mediunidade tem ainda mais um significado que reputamos de imenso valor: "É um sagrado mandato que fomos investidos, e quando a desempenhamos com amor e abnegação, seremos sempre legítimos representantes do Cristo, em cada criatura que levantarmos, em cada irmão que soerguermos, em cada lágrima enxugada, em cada abraço, em cada sorriso que distribuirmos, em cada copo de água que oferecermos em nome do Senhor!" Que a paz de Jesus, o Divino Amigo, esteja com todos nós, em nossos corações.

Após o término da palestra, foi proferida sentida prece de agradecimento a Cristo por um irmão de nossa esfera, enquanto as luzes em profusão nos envolviam a todos com suavidade, deixando-nos indizível bem-estar e alegria no coração. Observei que muitos irmãos encarnados presentes no evento pelo desdobramento do sono, retornavam rapidamente aos seus domicílios físicos com o corpo perispiritual saturado de energias balsâmicas do ambiente.

Aproximamo-nos do Instrutor Aurélio que era alvo de carinho de todos os presentes. Aguardamos com paciência, pois sabíamos que cada um queria ter uma palavra com o ilustre visitante, um abraço, um sorriso. Por fim, chegou a nossa vez. Desnecessário dizer minha alegria naquele reencontro fraterno de um irmão tão querido. Eu tinha os olhos em lágrimas de júbilo e agradecimento pela oportunidade do aprendizado e de poder desfrutar da verdadeira alegria daquele momento tão singular e especial. Aurélio me trazia lembranças caras que jamais se apagariam de minha memória, independente do fator tempo.

— Irmão Virgílio, quanta alegria em nosso reencontro. Não pense que o esqueci. Tenho acompanhado à distância seu trabalho e sua tarefa, meu irmão. Continue em seu esforço, pois em sua trajetória, o pequeno filete de água cristalina percorre distâncias imensas, contornando os obstáculos com sabedoria, unindo-se a outras vertentes e se fortificando, fertilizando os campos por onde passa e até nas quedas, tirando energia que edifica e constrói, para finalmente encontrar-se com a fonte infinita do oceano que o acolhe em seu seio. Todo trabalho sério e bem intencionado se torna gratificante quando consegue tocar o coração do ser humano que vive dias turbulentos num mundo de resultados imediatos, cuja competição se tornou predatória e insensível. Continue, meu filho, finalizou carinhosamente afagando meus cabelos, pois o labor a serviço do Cristo é a oportunidade de trabalho que o discípulo recebe em seu coração com alegria em poder servir e não de ser servido. Que Jesus te ilumine em sua caminhada, meu filho!

O Instrutor Aurélio abraçou-me qual um pai abraça um filho! Não queria mais tomar seu precioso tempo, pois ainda havia outros irmãos aguardando o fraternal colóquio. Afastei-me com o coração tomado de alegria e emoção incontida! Alexandre ainda permaneceu no ambiente confabulando com outros irmãos, mas eu precisava sair um pouco para em prece agradecer a Deus misericordioso por tantas bênçãos. Do lado de fora, suave brisa acariciou meu rosto enquanto os astros no firmamento empalideciam seu brilho e, no horizonte, os primeiros albores da aurora prenunciavam que em poucos minutos, mais um dia despontava para alegria e glória do Criador!

DESPERTANDO PARA UMA NOVA VIDA

Deolinda acordou bem disposta naquele dia. Henrique havia viajado a negócios informando que não tinha data para retorno e este fato, em outras circunstâncias, a entristeceriam muito, mas naquele dia sentia-se diferente. Havia combinado com Sabrina que, à tarde, iriam fazer uma visita à creche que a amiga tanto lhe falara na véspera.

Em seu pensamento, ainda estava fresca a memória dos episódios narrados naquele livro tão maravilhoso. Jamais pudera imaginar tanta beleza e pureza naqueles dias tão tristes da história da humanidade, no episódio da perseguição aos cristãos da primeira hora, mas podia agora compreender a grandeza daquelas criaturas que amaram Jesus e foram capazes de se deixar imolar pelo Mestre querido. Criaturas anônimas que não temeram a morte para viver no seio e na glória de Jesus! "Se tivesse vivido naquela época, será que teria a coragem daqueles irmãos?" – perguntava-se para si mesma.

Eram 14 horas quando a campainha tocou. Deolinda foi atender com o coração cheio de alegria, pois seria sua primeira oportunidade para fazer algo que lhe parecia mágico e gratificante: ter a oportunidade de poder ajudar alguém necessitado, ela que sempre desejara realizar alguma coisa, mas nunca soubera como.

Abraçou Sabrina com alegria. Antes passaram pelo centro que Sabrina freqüentava. Iriam juntar-se ao grupo de senhoras para uma prece, e depois finalmente rumariam para a creche.

Deolinda estava entusiasmada e não conseguia parar de falar. Tinha necessidade de expressar sua emoção com a amiga, pois sentia que algo estava mudando em seu entendimento. Percebia que poderia ser útil fazer alguma coisa pelo próximo, enfim, preencher o espaço vazio de sua vida, que até então parecia não ter muito sentido. Estava muito feliz como há muito tempo não acontecia. Mais parecia uma colegial que vai para o primeiro encontro com o namorado.

Chegaram ao Centro onde o clima era de descontração e camaradagem. Pessoas alegres e simpáticas. Rapidamente, Deolinda fez amizade conversando com animação. Por fim, a dirigente convidou a todas para uma prece e, em seguida, rumaram em demanda à uma região próxima de uma favela onde estava localizada a creche mantida pelo centro. Apesar da pobreza do lugar, observou que tudo era bem cuidado. A casa tinha enorme muro que a circundava por medida de proteção, mas dentro, belíssimo jardim com flores de diversos matizes davam uma fisionomia muito alegre e humana à instituição. Pôde observar o parque destinado ao recreio da criançada, cujos risos cristalinos atravessavam o ar, enchendo o espaço de alegria infantil. Adentraram ao recinto, enquanto Deolinda tudo observava curiosa. A limpeza, o cuidado e o carinho das monitoras, tudo para ela era novidade.

Sabrina aproveitou a oportunidade para apresentar a caloura à diretora do centro. Dona Celina estava à frente das atividades há mais de dez anos, trabalhando incansavelmente. A creche era a menina de seus olhos, estava sempre presente acompanhando cada detalhe no dia-a-dia da instituição e, ao saber do interesse de Deolinda, procurava dar-lhe explicações a respeito do funcionamento.

— Olhe, Dona Deolinda, hoje mantemos sob nossa responsabilidade aqui na creche mais de cento e cincoenta crianças até a idade máxima de doze anos. Em sua grande maioria, são oriundas da favela vizinha, pessoas pobres que, infelizmente, a onda da renovação apanhou desprevenidas, não têm recursos, não têm escolaridade, não têm uma profissão e vivem em situação de extrema penúria. Alguém poderá dizer que quem vive nas favelas é marginal, mas é ledo engano! Muitas criaturas decentes e honestas vivem nesta condição por falta de opção. Não tiveram a oportunidade do estudo, nem de se formarem em alguma profissão, muitos são originários de outras regiões do país ou do interior do estado que saem de seus torrões por absoluta falta de condição, achando que em São Paulo terão uma chance! Posso garantir-lhe que, se pudessem, muitos voltariam para sua terra, mas fica sempre a dúvida: será que apesar de todos os problemas, aqui ainda é menos ruim que lá? Conversamos com muitos moradores, gente simples, honesta e sem ilusão nenhuma na vida. Apenas gostariam de ver seus filhos terem a oportunidade que não tiveram. Aí, então, entra a função de nossa creche. Com os recursos amealhados em promoções, em chás, quermesses e doações dos freqüentadores, conseguimos montar esta creche-escola. Aqui temos professores e pedagogos a quem procuramos oferecer salário digno. O mais importante é que, além da escola e da alimentação, tiramos estas crianças das ruas e dos perigos, dando uma base moral com os verdadeiros valores da vida e uma formação educacional saudável.

Deolinda estava impressionada com o que via e ouvia. Nunca pudera imaginar, no mundo em que vivia, os problemas enfrentados pelas criaturas menos favorecidas. Dona Celina prosseguiu esclarecendo:

— Muitas pessoas podem não entender ou até criticar, pois é sempre mais fácil a crítica do que o trabalho construtivo, mas temos consciência de que não iremos resolver os problemas da humanidade, que são tantos, particularmente a pobreza, a miséria e a ignorância que campeia por todos os lados, mas o pouco que fazemos, é com amor. Temos plena convicção de que, para estas crianças, estamos fazendo a diferença e isto para nós é muito gratificante. Pode parecer um sonho ou uma utopia, mas entendo que mudando a criança, estaremos mudando o mundo em que vivemos. Entretanto, por experiência própria, preocupa-nos o fato que, completados os doze anos, estas crianças retornem para seu meio e, premidos pelas necessidades, não dêem seqüência aos estudos e acabem se enveredando por caminhos tortuosos. Por esta razão, nosso próximo passo será construir uma escola profissionalizante, de forma que a criança, ao sair de nossa creche, possa dar prosseguimento em seu aprendizado, tornando-se um profissional qualificado e apto para competir num mundo moderno cada vez mais exigente. Este é nosso sonho, nosso ideal, que, apesar dos parcos recursos, tenho esperança de vê-lo concretizado em breve com o trabalho abnegado de tantos trabalhadores que têm colaborado conosco ao longo destes anos todos.

Deolinda estava maravilhada. Observava admirada a figura de Dona Celina, já com seus cabelos encanecidos, mas com uma fisionomia que irradiava paz e serenidade! Aquela criatura que exibia uma compleição física tão franzina, transmitia muita confiança, liderança e força de vontade. Com certeza, Dona Celina iria materializar seus sonhos, pois, antes de mais nada, era uma lutadora.

Sabrina pegou Deolinda pelo braço de forma carinhosa, dizendo:

— Venha comigo, minha amiga, porque agora quero que conheça um grupo de crianças muito especiais.

Dizendo isto, seguiram por um corredor que dava em uma grande sala, toda enfeitada, onde se encontravam em torno de vinte crianças com até quatro anos de idade, em atividades diversas, orientadas por monitoras próprias para aquela idade. Sabrina complementou:

— Algumas destas crianças são órfãs, outras foram simplesmente abandonadas. As demais crianças ficam na creche durante o dia, retornando para casa, mas, para estas, a instituição é responsável integralmente. Eu já venho aqui, minha amiga, há muito tempo, mas sempre fico comovida, pois é muito triste ver a criança crescer sem ter o carinho do pai ou da mãe. Para elas é difícil, não conseguem entender porque são diferentes das demais. Por quê? Por mais que possamos lhes oferecer carinho e atenção, jamais poderemos substituir o calor do abraço materno ou paterno. Mas o que mais nos entristece é que constantemente crianças com poucos dias de vida são abandonadas às portas de nossa creche. A instituição acolhe a todas, mas é difícil entender porque a criatura humana ainda age desta forma. Na verdade, ainda temos muita miséria, mas a ignorância é a maior pobreza do ser humano.

Deolinda sentia-se sensibilizada. Observou que, pelo menos naquela instituição, aquelas crianças eram respeitadas, as monitoras as atendiam com carinho e atenção, mas, acima de tudo, percebia que eram corações ainda tão pequeninos, frágeis, dependentes da caridade e solidariedade humana. O que fazer, meu Deus? – perguntava-se a si mesma. Sabrina prosseguiu:

— Por isto, venho aqui todas as tardes. Todas já me conhecem e me chamam de tia. A gente acaba se afeiçoando a elas e tenho conversado muito com Cássio para que, num futuro próximo, possamos adotar algumas destas crianças, mas meu marido prefere aguardar nossos próprios filhos. Eu respeito e compreendo seu anseio, também quero ter meu filho, ser do meu ser, fruto de nosso amor, mas fico condoída pela situação destas pequeninas criaturas.

Mais alguns minutos e as monitoras anunciaram às crianças que as atividades já estavam encerradas, era hora de brincarem com as tias. A gritaria foi geral de felicidade. Sabrina se aproximou e imediatamente a criançada rodeou-a. Todas disputavam seu abraço e seu beijo. Deolinda ficou maravilhada. Após alguns instantes de abraços e beijos efusivos, Sabrina pediu que ficassem um pouquinho em silêncio. Desejava apresentar uma nova tia que vinha visitá-las: era Deolinda.

Todas as crianças olharam para a moça com curiosidade. De repente, uma menina se destacou do grupo e olhou fixamente para Deolinda dizendo:

— Gosto de você. Quer ser minha mãe? – disse isso estendendo suas mãozinhas.

Deolinda ficou sem reação e seu primeiro impulso foi segurar aquelas mãozinhas tão delicadas. A menina, num gesto espontâneo, beijou suas mãos. O que dizer àquela criança tão pura e inocente? Seus olhos eram azuis e seu sorriso tão meigo.

Sentiu-se cativada e emocionada, seus olhos se encheram de lágrimas. Decididamente, a partir daquele momento, Deolinda jamais seria a mesma pessoa.

Sem saber o que fazer, perguntou:

— Qual seu nome, minha filha?

A menina deu um sorriso cristalino que penetrou no coração de Deolinda, falando com alegria para uma coleguinha:

— Gigi, ela me chamou de filha! Acho que vai ser minha mãe. — disse estas palavras com um sorriso, colocando a mãozinha sobre a boca toda envergonhada, encobrindo a janelinha pela falta do dente de leite. Em seguida, dirigindo-se a Deolinda, arrematou:

— Meu nome é Carolina, mas pode me chamar de Carol. Todas minhas amiguinhas me chamam assim, então você também pode me chamar, pois vai ser minha mãe, não é verdade?

Deolinda sentia-se cativada pela espontaneidade de Carolina. A menina brincava alegremente, mas, volta e meia, vinha e dava-lhe um abraço juntamente com um beijo no rosto.

A verdade é que a tarde passou rapidamente, cantaram e brincaram à vontade. Quando Deolinda deu por fé, já eram quase 18 horas. A casa tinha disciplina, apesar da choradeira da criançada, os folguedos terminaram. Era hora do banho, do jantar e depois para a caminha, dizia a monitora. Carolina ficou chorando com lágrimas abundantes. Não queria se separar de sua mãe, dizia.

Enquanto retornavam para casa, Deolinda estava pensativa e calada. Sabrina percebeu que o silêncio era necessário para a reflexão de sua amiga e também permaneceu calada. O silêncio é uma prece, pensou consigo mesma. Deolinda se dera conta que, no fundo de seu coração, havia uma tristeza imensa, pois percebera naquele dia que sua vida era realmente vazia e sem sentido. Casara-se por amor, mas não tivera filhos e, dessa forma, a razão de seus dias era dedicar-se totalmente ao marido, mas sabia que não mais era amada. Entretanto, fugia da própria realidade para que o desencanto não a sucumbisse de vez, tinha plena convicção de que Rick não mais dividia com ela sua vida. Então, de que lhe valia aquele amor?

A visita à creche lhe fizera refletir: o que vale a vida sem um objetivo, sem um afeto sincero, sem o carinho de um filho, sem uma palavra amiga do companheiro? Sentia que seu mundo estava cada vez mais distante de Rick, não participava de seus anseios, de suas angústias nem de seus sonhos. Na verdade, chegara à conclusão que ela e o marido eram criaturas estranhas, embora dividissem o mesmo teto e o mesmo leito. O que lhe valia a vida? Percebia agora que existiam criaturas necessitadas no mundo em quem antes nunca pensara. Que valia a pena fazer algo por alguém, despertara em seu seio um sentimento edificante, de alegria, de poder ser útil. Deolinda, sentia que fôra ela mesma a maior recompensada na visita que fizera à creche e que, pela primeira vez, sentira a emoção de ser chamada de mãe.

Não trocaram nenhuma palavra até chegarem ao prédio. Ao se despedirem, Sabrina abraçou-a, com carinho, afagando seus cabelos ao perceber que a amiga estava com os olhos cheios de lágrimas. Sentiu que tinha que lhe dizer algumas palavras que servissem de conforto. Sabia que seu coração vivia um conflito, apenas a reflexão e o tempo poderiam ajudar.

— Deolinda, quero lhe agradecer por ter aceitado meu convite. Tenha certeza que seu tempo foi muito bem empregado e hoje você conseguiu levar um pouco de alegria a pequenos corações tão carentes, que não podem compreender por que desde cedo já sofrem neste mundo tão necessitado de criaturas de boa vontade.

— Sabrina, eu é que tenho que agradecer e muito. Você não imagina como foi importante para mim esta visita. Estava pensando, o livro que me emprestou, a oportunidade que me ofereceu, o carinho que senti naqueles corações tão puros e inocentes, deram um novo sentido em minha existência, até então tão vazia! Obrigada, minha amiga, jamais esquecerei sua atenção e seu carinho para comigo. Pode ter certeza que o dia de hoje representará um divisor de águas em minha vida!

Despediram-se. A sós, cercada por criados solícitos e subservientes, na solidão do luxuoso apartamento que lhe trazia conforto, mas não calor e alegria, Deolinda fechou-se em seu quarto e chorou copiosamente. Chegara à conclusão que era infeliz, apesar da riqueza, mas que a vida lhe oferecia uma nova oportunidade.

Henrique ficou uma semana viajando e neste período, todas as tardes, Deolinda, juntamente com sua amiga Sabrina, visitaram a creche. Aos poucos, sentia que a vida começava a fazer novo sentido.

Quando retornou, Henrique ficou surpreso ao perceber que, naquela curta ausência, sua esposa era outra pessoa. Deolinda contou-lhe com entusiasmo sobre suas visitas à creche das crianças, de Carol, mas ele não deu, como sempre, muita atenção ao que a esposa lhe dizia. Como que aborrecido pelo ritual do casamento, como se fora um dever penoso a cumprir, enquanto lia um jornal, de forma displicente, quase que por obrigação convidou-a:

— Querida, amanhã é domingo e gostaria de almoçar com alguns amigos. Você viria comigo?

— Não, meu querido, pode almoçar com seus amigos se isto lhe faz bem. Na verdade, irei com Sabrina e Cássio almoçar com as crianças na creche e até tinha pensado em lhe convidar, mas acho que você não se interessaria.

Henrique suspirou feliz pela esposa não ter aceito seu convite, mas, no fundo, não estava satisfeito com a influência que Sabrina e Cássio andavam exercendo sobre sua esposa. Aquilo não estava lhe agradando.

Com o coração entristecido, Deolinda notava que ela e Rick seguiam por caminhos totalmente diferentes, mas alimentava a esperança de que a vida lhe ofereceria uma nova oportunidade, uma nova chance de ser feliz. Quem sabe num futuro próximo, Rick também não poderia despertar para esta nova vida?

OPORTUNIDADE DE TRABALHO

Era uma segunda-feira. Alexandre me dissera que, naquela noite, estaríamos visitando um núcleo de trabalho espiritual. Seria uma grande oportunidade para eu observar o funcionamento de uma casa espírita e sua complexidade.

— De um modo geral - dizia-me o Instrutor - as pessoas não imaginam a dimensão do trabalho que se desenrola nos núcleos cristãos de trabalho espiritual. Poucos sabem da dedicação dos trabalhadores encarnados, da dedicação, da renúncia, do esforço no autoaprimoramento. Diria, Virgílio, que é fator primordial o concurso dos trabalhadores encarnados, pois, sem eles, seria impossível a concretização de um trabalho desta envergadura. Mas, com certeza, a grande maioria das pessoas que buscam socorro nas casas espíritas ainda são muito desinformadas, evitam a todo custo buscar o auxílio por preconceito e somente batem às portas da casa espiritual quando a guante da dor as obriga como último recurso. Bem dizia o Mestre, que aquele que não caminhasse pelo amor, caminharia pela dor. Podemos afiançar que a maioria ainda vai pela dor, embora existam aqueles que fazem a opção pelo amor. Entretanto, mesmo entre os trabalhadores, poucos ainda conhecem o trabalho que se desenrola no "lado espiritual" para garantia de que tudo possa correr satisfatoriamente no desenvolvimento das atividades, a cada reunião de trabalho.

Alexandre tinha razão, pensei comigo mesmo, pois eu mesmo, quando encarnado, observava o movimento espírita com muitas reservas e restrições, mas nunca me dera ao trabalho de conhecer para poder criticar com conhecimento de causa. Quando aportei para o lado de "cá", descobri que nos planos da espiritualidade superior não existem divisões sectaristas, apenas o entendimento e a compreensão do Evangelho do Cristo. O respeito aos irmãos de todas as religiões sinceras é ponto básico de partida e a maioria das criaturas ainda não compreende o que Jesus nos disse há dois mil anos. Muitos ainda se prendem à letra e não ao espírito, mas chegará o dia em que se cumprirão, inexoravelmente, as palavras do Divino Amigo: *"Conheça a verdade e a verdade te libertará."*

O Instrutor sorriu com minhas elucubrações mentais.

— Sim, Virgílio, quanto tempo não sabemos ainda, mas dia virá em que haverá apenas uma crença, um só rebanho, um só pastor, sem divisões religiosas, em torno da compreensão da "Verdade" do Cristo. Qual a denominação desta crença? Isto pouco importa, pois o estágio de compreensão da humanidade será tal que não mais se prenderão à letra que mata, mas ao espírito que vivifica. O princípio de tudo isto, recebemos através do Espírito de Verdade, pela codificação de Kardec. É o caminho do futuro e que ninguém poderá impedir na lei do Progresso da consciência humana.

Eram quase 19h30 quando nos aproximamos da grande metrópole paulistana e à distância observei que na profusão das luzes da cidade, existiam focos luminosos que se destacavam por luminosidade própria. Alguns mais fracos, outros mais fortes, alguns ascendiam a elevadas altitudes, destacando-se pela peculiaridade de suas formas bastante curiosas e harmônicas, bem como a tonalidade de seus matizes. Observando minha curiosidade, Alexandre esclareceu-me:

— Virgílio, somos espectadores privilegiados de manifestações de religiosidade de criaturas que se reúnem com sinceridade e fé no coração. Bem nos dizia Jesus que onde duas ou mais pessoas estivessem reunidas em seu nome, lá também estaria. Então, podemos compreender que a reunião de pessoas em prece sincera, a união de pensamentos e sentimentos de fé, produzem vibrações que se elevam para as esferas mais altas da espiritualidade, independente do credo religioso.

Alexandre percebeu que eu gostaria de conhecer mais de perto aquele fenômeno e por esta razão me convidou:

— Visitemos alguns locais de oração. Isto será interessante para seus apontamentos. Escolha qual local poderemos visitar e sigamos adiante, convidou-me.

Optei por um facho luminoso mais próximo de nós. Sua luz irradiava em tonalidades que se alternavam ora para o amarelo, ora para o branco, ora para um tom violáceo. Aproximamo-nos. Era uma igreja católica. Adentramos ao recinto no momento em que o vigário, jovem ainda, fazia a preleção do Evangelho. Falava com sentimento sobre o significado do que Jesus dissera aos apóstolo: "Vós sois o sal da terra".

Notei que a igreja estava iluminada por uma luz amarela. Observei ainda grande diferença entre os freqüentadores. Enquanto alguns encontravam-se envolvidos na luz do ambiente, com evidentes benefícios da prece, grande parte dos participantes do culto encontravam-se envoltos em atmosfera própria de tonalidade escura, inclusive com companhias de irmãos perturbados e sofredores. Naquele instante, pela eloqüência do pároco, detive-me em análise à sua aura espiritual que se irradiava graciosa, em virtude de sua palavra inflamada pelo verbo do Cristo. O jovem sacerdote falava com sentimento e coração, enquanto eu podia observar que iluminado espírito o envolvia em fluidos simpáticos, quase que num processo de incorporação mediúnica. Diante de minha indagação, Alexandre convidou-me para que me detivesse nos freqüentadores. Porque alguns se beneficiavam daquele ofício de fé e outros não?

Aproximei-me de respeitável cavalheiro, bem vestido, idade madura, ao lado de uma senhora, mais ou menos de sua idade, que imaginei ser sua esposa. Enquanto a senhora apresentava uma aura de tonalidade branca, pela contrição de seus pensamentos e sua ligação com as palavras que ouvia, o cavalheiro exibia aura escura, demonstrando estar totalmente alheio ao ambiente. Apresentava companhia espiritual indesejável, com dois irmãos perturbadores que ocupavam totalmente sua mente. Aproximei-me sem ser percebido pelos irmãos espirituais e busquei a sintonia do cavalheiro. O que ocupava sua mente naquele ambiente de oração?

Concentrei-me e ao penetrar no diapasão de suas vibrações, pude então perceber o que ocorria: o cavalheiro em questão era um empresário e seu pensamento estava ocupado nas lembranças de uma aventura extra-conjugal. Enquanto o sacerdote dissertava sobre as palavras de Jesus, seu pensamento voava, recordando o encontro que tivera à tarde com jovem funcionária, praticamente a metade de sua idade. A experiência sexual e as sensações do prazer da carne ocupavam sua mente, alimentadas pelos irmãos perturbadores. O cavalheiro, distinto na aparência, recordava com a viva sensação de que o fato ainda estava acontecendo, e sua mente apresentava-se excitada. Desejava ardentemente que no dia seguinte pudesse novamente sair com a moça. Na verdade, pude observar que aquele senhor estava sob o efeito hipnótico das sensações sexuais, estimulado pelo astral inferior, como que em estado de encantamento.

Alexandre complementou minhas anotações, com sua observação judiciosa:

— Virgílio, este nosso irmão vive um momento perigoso, pois quando a pessoa se entrega dessa forma, a queda é formidável. Neste estágio, perde completamente a noção da realidade, do ridículo e dos valores morais. A moça tem idade para ser sua filha e seu interesse prende-se apenas ao lado da oportunidade material, mas nosso irmão não terá limites para levar avante este romance, inclusive se separando da esposa e destruindo uma relação sagrada. Mais cedo que imagina, poderá avaliar o tamanho de seu erro e da destruição que causou e será tarde demais para retomar ou reconstruir o mal praticado. Entretanto, cada um tem seu livre-arbítrio e segue os caminhos que opta e, no final, tudo é transformado em experiência e aprendizado, mas o mal praticado exige reparação, às vezes, dolorosa demais. Alguém poderia dizer que ele não é culpado, pois está sob a influência de espíritos perturbadores, mas podemos afiançar que todos nós oferecemos campo para atuação destes nossos irmãos, que se aproveitam de nossa invigilância e imperfeições. Entretanto, teríamos vontade suficiente para nos livrarmos destas sugestões infelizes, contudo ainda nos comprazemos e agasalhamos estes pensamentos negativos. Conhecedor profundo da índole humana e de nossas imperfeições, o Divino Amigo sempre nos aconselhou a oração e a vigilância, e o que fazemos nós? Deixamos que as sugestões infelizes possam fluir livremente pela nossa mente, oferecendo vasto campo de atuação aos nossos irmãos perturbadores. Quando vamos a uma casa de oração, em vez de buscarmos a sintonia da prece, damos guarida aos pensamentos que povoam nossa mente desequilibrada.

Compreendi a lógica do ensinamento do Instrutor. Onde estiver nosso pensamento, lá estará nosso coração e nosso espírito. Por esta razão, mesmo no meio de uma reunião de fé, poderemos estar ausentes do ambiente pelo nosso pensamento que se eleva e viaja, levando-nos junto às esferas mais altas da espiritualidade, ou vogando em direção aos pântanos das paixões desenfreadas.

Aproximei-me de uma senhora de idade avançada, que exibia belíssima aura expandida alguns centímetros além do corpo somático. Ao seu lado, percebi uma irmã de caridade de nossa esfera que, ao notar minha presença, sorriu-me com simpatia. Pedi sua permissão e procurei auscultar a mente da respeitável senhora.

Seu pensamento era de alegria e agradecimento a Jesus e à Virgem Santíssima. Em sua prece sincera, regozijava-se por ter, naquele dia, tido a oportunidade de, juntamente com outras senhoras de sua comunidade, ter participado de uma tarde em que, haviam confeccionado roupas de crianças para serem distribuídas em uma favela da periferia. Seu pensamento voava e, juntamente com as vibrações de seu coração feliz, sua mente criava imagens de crianças recebendo as roupas e os agasalhos, felizes, com o fruto de seu trabalho e de suas amigas da terceira idade. Naquele momento de prece, seu agradecimento era sincero e sua alegria legítima. Sabia que estava no ocaso da existência. Enfrentava o crepúsculo de sua caminhada com sabedoria, fé e confiança do justo que sabe seguir os ensinamentos do Cristo, independente do credo religioso.

A irmã de caridade que a assistia apresentou-se solícita, dispondo-se a prestar-me esclarecimentos com humildade própria dos espíritos que sabem servir e não serem servidos.

— Meu nome, em minha última existência, foi Carmela, mas recebi o nome de Irmã Clara, por devoção à Irmã Clarissa. Adelina – disse referindo-se à amiga encarnada, – é uma alma muito querida de outras vidas. Em nossa juventude desta última existência, fomos além de amigas do coração, almas afins e partilhamos de sonhos e ilusões. Tanto eu como Adelina ansiávamos por servir a Jesus através da reclusão no convento, fugindo do mundo e das tentações, onde apenas teríamos a oportunidade da meditação e da oração. Eu consegui, mas minha querida amiga, por um problema de saúde, não pôde ser aceita. Chorei inconsolável, pois a ausência e a saudade de minha amiga fez com que meu coração se tornasse triste e a fé fraca. Apesar de buscar na oração e na meditação encontrar meu caminho, cedo percebi meu engano, mas era tarde. Enclausurada no convento, via apenas a luz do sol, que enchia o recanto daquela soledade de luz e tristeza. Mesmo o canto dos pássaros parecia-me melancólico e as borboletas, que antes alegravam minha existência, para mim não tinham mais graça nem vida. Eu me perguntava constantemente: como poderia servir a Deus, a Jesus e à Virgem Santíssima, distante da dor, dos tristes, dos aflitos, dos necessitados do caminho? Com o passar do tempo, a monotonia tornou-se uma doença para meu coração e a tristeza passou a fazer morada em minha alma. Não mais tinha vontade de me alimentar, e nem sequer orar com devoção conseguia mais. A vida parecia não ter nenhum sentido e os dias se sucediam de forma lenta, com melancolia. A madre superiora me exortava à oração, aos sacrifícios, aos jejuns, o que para mim era fácil, pois não tinha vontade de comer nem de viver. Nem eu, nem minhas irmãs de fé, nem as superioras do convento percebiam que, na verdade, estava doente da alma, pois sentia-me depressiva, mas nem imaginava o que era a depressão. Em minha inútil reclusão, sentia saudades imensas de Adelina, imaginando o que minha irmã de alma e de coração estaria fazendo na vida. Acabei desencarnando precocemente e, quando despertei deste lado após algum tempo adormecida, percebi que apesar de minha crença e de minha fé, nada havia realizado de útil em minha clausura. Benfeitores amigos me acolheram e, após um período de aprendizado em que minhas energias e meu equilíbrio foram restaurados, solicitei que me fosse permitido acompanhar minha amiga, ainda encarnada. Adelina sentiu-se frustrada por não poder ter-me acompanhado em minha reclusão monástica, e, como forma de compensar seu desejo de auxiliar o próximo, estudou enfermagem. Tornou-se auxiliar de enfermagem dedicada em um hospital público voltado ao atendimento às crianças carentes e sua dedicação era mais que um sacerdócio. Sua atenção, seu carinho, seu desvelo e seu amor aos pequeninos que sofriam no leito de dor eram comoventes. Quando a espiritualidade deu-me permissão para acompanhá-la em sua tarefa, foi com alegria e emoção que pude seguir então seus passos e perceber que Jesus não havia se afastado do mundo, nem dos pecadores, nem dos necessitados. O Mestre dizia que eram os doentes que precisavam do médico e aquele que pudesse oferecer um copo de água em seu nome, não perderia seu galardão. Minha amiga querida renunciou ao casamento e à família para dedicar-se aos menos favorecidos da sorte e sinto-me agraciada por Deus ter-me permitido acompanhá-la em sua peregrinação nestes anos todos. Sua caridade singela é feita com devoção e desprendimento e, por esta razão, não teme sua passagem para a eternidade, muito pelo contrário, seu coração anseia com alegria este momento, pois, ao longo destes anos, sua sensibilidade tem-se aguçado e constantemente percebe minha presença quando a abraço. Reconhece minha presença e seu coração se enche de alegria, o verdadeiro sentimento dos justos que procuram servir ao Senhor com o coração, sem que a mão esquerda saiba o que faz a direita.

Agradeci sensibilizado à solicitude de Irmã Clara. Neste instante, o Instrutor chamou-me a atenção para o ponto alto da celebração. — Veja, aconselhou-me, o poder da fé sincera, aliado à mediunidade maravilhosa do sacerdote e à concentração de energias mentais e espirituais de todos os presentes que se encontram sintonizados no mesmo diapasão de religiosidade, independente da religião que a alma humana abraça pode produzir prodígios.

Observei o sacerdote, cuja aura irradiava gracioso halo luminoso em tonalidades que se alternavam entre o amarelo claro e tons azulíneos. Pude verificar que aquele irmão era portador de grande fé em seu coração. Naquele instante, com as duas mãos elevou a hóstia para o alto, no ato da consagração. Fiquei maravilhado pelo fenômeno resplandecente, a pequena hóstia transformou-se, à minha visão, qual pequenino sol emitindo radiação que envolvia todas as criaturas ao redor. Espíritos perturbados de nossa esfera sentiam naquele instante o benefício da prece e alguns pareciam mais lúcidos, enquanto outros, pela própria condição de endurecimento, permaneciam refratários. Observei as criaturas se postando para receber o sacramento. Enquanto em algumas o benefício era evidente, em outras não fazia a menor diferença. Dona Adelina aproximou-se acompanhada de sua protetora espiritual, tomou a hóstia e, em ato de contrição, ajoelhou-se em oração de agradecimento. Sua aura expandiu-se, irradiando luz. Irmã Clara sorriu e nós agradecemos enquanto nos afastávamos.

Já eram 20 horas e nosso compromisso no Núcleo de Trabalhos Espirituais começaria às 20h30. Ainda tínhamos algum tempo disponível para estudos proveitosos, disse-me Alexandre convidando-me a segui-lo. À distância, havia divisado anteriormente interessante formação luminosa que se expandia no ar.

Aproximamo-nos respeitosamente, o ambiente estava saturado de bons fluidos e tênue luminosidade adornava o local como proteção a visitas indesejáveis. Era um templo evangélico de oração. Adentramos o recinto onde um pastor de idade já avançada, cabelos brancos e aspecto venerável entoava cantos de louvores, com base nos Salmos de David. A assistência presente cantava alegremente, batendo palmas, ao mesmo tempo que entoavam hosanas ao Senhor! Irmãos de nossa esfera zelavam pela harmonia do ambiente, enquanto o dirigente espiritual da casa envolvia o pastor em fluidos simpáticos. O ancião demonstrava eloqüência. Suas palavras eram pronunciadas com calor e sentimento. Observei que, de sua boca, à medida em que falava, uma espécie de halo vaporoso e diáfano se estendia para a platéia, que emitia, por sua vez, vibrações coloridas pelo exercício de fé e da música, elevando-se para além das dependências físicas do enorme salão.

Eu encontrava-me impressionado pelo espetáculo multicolorido a que tivera o privilégio de assistir, enquanto que o dirigente espiritual da casa afastou-se momentaneamente do ancião, dirigindo-se com demonstração de carinho para Alexandre. Neste instante, notei que a palavra fora franqueada e um dos assistentes subira à tribuna para comentar um trecho do velho testamento.

— Sejam bem-vindos à Casa do Senhor! – cumprimentou-nos amavelmente com um abraço.

— Obrigado por nos receber, Irmão Enoque – respondeu Alexandre. Gostaria de apresentar-lhe nosso Virgílio, que está em tarefa de estudos a respeito da sensibilidade da alma.

— Ou seja, da mediunidade – respondeu imediatamente Enoque com um sorriso bondoso.

Fiquei admirado. Como podia o Irmão Enoque, responsável espiritual por um templo evangélico estar falando em mediunidade? – pensei comigo mesmo. Enoque abraçou-me com um sorriso espontâneo, sem afetação.

— Antes de mais nada, Irmão Virgílio, sensibilidade da alma, ou seja, mediunidade, não é privilégio de quem quer que seja, nem dos espíritas kardecistas, como muitos leigos imaginam. Talvez estejas espantado pelo fato de eu estar lhe falando desta forma. É que a nós outros, que já vencemos as barreiras das convenções humanas e da matéria, o que nos importa é, acima de tudo, seguir os passos do Mestre. Já fui pastor e confesso que, um dia, percebi como minha mente estava acanhada. O conhecimento do Evangelho puro do Mestre é a verdade que liberta nossa alma das amarras das sombras de suas próprias imperfeições, e só então percebemos como ainda estamos distantes de tudo. Mas se hoje já temos a bênção da fé raciocinada e da compreensão do Evangelho, temos que compreender e auxiliar nossos irmãos, igualmente seguidores do Cristo, portadores de fé sincera, mas ainda distantes da verdade que liberta. Por esta razão, aqui estou eu, junto do rebanho que Jesus me confiou! Eles amam o Mestre do fundo de seus corações e, um dia, também terão a felicidade de vislumbrarem as claridades eternas, para além da letra, junto ao espírito que vivifica. Enquanto isso, vamos contribuindo com nossos labores cristãos junto a irmãos tão queridos e caros ao meu coração. Não importa o rótulo religioso, mas a fé que está em nossos corações.

Agradecemos ao Irmão Enoque a acolhida carinhosa na casa do Senhor! Criaturas simples, mas de grande valor espiritual. Entendi naquele momento, pelas palavras de esclarecimento de Enoque, o carinho, o respeito e a compreensão que devemos ter para com nossos irmãos de outros credos. O importante, acima de tudo, é que sejamos de fato cristãos, e, se o espírita já tem maior conhecimento, já conhece as leis de Causa e Efeito, que seja tolerante e complacente, pois, caso contrário, não será melhor que os demais. Dá mais quem tem mais para dar. Alexandre acompanhava meus pensamentos e, enquanto voávamos em direção ao Núcleo onde éramos aguardados, recordou-me:

— Jesus ensinou-nos a tolerância para com nossos irmãos quando aconselhou aos discípulos: “Quem é por nós, não é contra nós”.[3]

---

(3) Marcos, Cap. IX – Vers. 38, 39 e 40 – “Disse-lhe João: Senhor, vimos um homem que em seu nome expulsava demônios, o qual não nos segue e nós o proibimos. Mas Jesus respondeu: Não lho proibais, porque não há quem faça milagre em meu nome e em seguida fale mal de mim, porque quem é por nós, não é contra nós.

Aproximamo-nos do Núcleo de Trabalho e, à distância, já podíamos identificar a luminosidade em raios que se expandiam em forma de leque, em matizes firmes e policrônicos. Alexandre informou-me que, para fins de observação, estaríamos nos aproximando sem volitar, caminhando naturalmente, para que eu pudesse fazer minhas anotações adequadamente. Assim o fizemos. À uma quadra de distância, seguimos caminhando, qual fôssemos encarnados. À medida em que nos aproximávamos do centro, observei que, juntamente com os encarnados, seguia grande quantidade de desencarnados. De imediato, identifiquei espíritos perturbados e sofredores em sua maioria, enquanto alguns obsessores procuravam ainda como último recurso insuflar desânimo, para impedir que o encarnado adentrasse ao recinto do centro.

A alguns metros de distância, verifiquei a presença de uma barreira luminosa que circundava todo edifício em sua volta, semelhante a um cordão fluídico de isolamento. Ele expedia pequenas chispas, que intimidavam aqueles irmãos convidados a se manterem à distância prudente, enquanto muitos assistiam desesperados seus "protegidos" livrarem-se momentaneamente de suas presenças. Posicionados estrategicamente, observei a corrente de caboclos e índios, para manutenção da ordem e da disciplina do local. Notei a presença de significativo número de obsessores, que Alexandre informou-me pertencerem à falange de Polifemo. Um deles fazia um comentário de forma jocosa :

— Tudo bem – dizia referindo-se à jovem moça que acabara de entrar –, ela pensa que se livrará de mim só porque entrou aí para ouvir palestras e rezar? Ah! Ah! Ah! Eu espero do lado de fora, não tenho pressa. Quando sair, eu a pego novamente.

Notei ainda que, junto com um senhor de meia idade, caminhava uma senhora desencarnada de aspecto bastante idoso, que não se desgrudava do cavalheiro. Percebi que ficou aflita quando o senhor adentrou ao recinto e ela não conseguiu entrar.

— Meu Deus dizia – meu filho vai se perder. Ele ainda não sabe andar sozinho. Alguém me ajude, por favor.

Nisto, destacou-se a figura humilde de um preto velho, amparou-a carinhosamente, e encaminhou-a para dentro do recinto. Alexandre esclareceu-me, então, que aquela senhora estava desencarnada há alguns anos, mas seu estado de consciência ainda era muito precário, desconhecendo completamente sua condição de desencarnada. Apresentava-se confusa e, por amor ao filho, apegara-se, seguindo-o por todos os passos, como se fosse ainda uma criança. Naquele estado de coisas, não tinha noção da realidade, do que ocorria ao seu redor, apenas sua mente ficara cristalizada no desejo de estar junto do filho para ajudá-lo, segundo sua concepção de ajuda.

— Até quando ficará assim? – perguntei penalizado.

— Por pouco tempo mais. Felizmente o filho está sentindo que algo não anda muito bem, por sua sensibilidade já bastante aflorada. Sente constantemente a presença da mãe e, ultimamente, tem estado entristecido, desconhecendo a razão da melancolia. Procurou o centro algum tempo atrás e está sendo encaminhado para tratamento e, em seguida, para o desenvolvimento mediúnico. Quanto à sua mãezinha, por enquanto é interessante que, juntamente com o filho, possa assistir ao Evangelho e ser beneficiada com as energias fluídicas dos passes. Muito breve, passará por um processo de incorporação e doutrinação, onde será esclarecida e encaminhada para um pronto-socorro situado em nossa colônia, onde terá oportunidade de se restabelecer.

Fiquei impressionado com o que pude observar. Havia uma seleção natural para a entrada, na condição de necessitado ou convidado. Na verdade, aqueles que não estivessem enquadrados naquelas condições, não teriam o acesso franqueado. Na porta de entrada, irmãos de nossa esfera acompanhavam atentamente, sob a guarda dos caboclos e dos índios, todo o movimento interno e externo do ambiente.

Já eram 20h30. Alexandre convidou-me para que entrássemos, estava começando o Evangelho da noite. O amplo salão permanecia repleto de assistentes. Luzes diáfanas irradiavam por todos os lados, vibrações de paz e harmonia que reinavam no local, enquanto suave melodia de fundo se espalhava pelo ar. As atividades, do nosso lado, eram intensas, com irmãos de nossa esfera em vaivém incansável, em tarefas de auxílio aos irmãos dos dois planos.

Guardadas as proporções, silêncio também pode ser considerado como uma prece – observou o Instrutor. Aquele que se encontra num ambiente tão especial e acolhedor como este, sequer necessita orar. Se fechar os olhos e permanecer em sintonia silenciosa, apenas com o pensamento de agradecimento ao Criador, já recebe os benefícios da paz de espírito que reina neste recinto de oração. Os benefícios se estendem tanto para encarnados como para desencarnados.

Não pude deixar de buscar a presença da senhora que observei na entrada. Lá estava ela, ao lado do filho, em uma das fileiras intermediárias. O senhor parecia-me calmo, como resultado das vibrações de harmonia que reinavam no ambiente, e, ao seu lado, feliz, sentindo bem-estar proveniente das mesmas emanações fluídicas, a mãezinha parecia tranqüila, como se estivesse no paraíso, afinal, estava ao lado do filho. Da mesma forma que os demais freqüentadores, mãe e filho eram auxiliados naquele momento de silêncio e oração.

Com um gesto, Alexandre convidou-me para que nos aproximássemos da tribuna, onde se encontravam os médiuns da retaguarda, bem como o orador da noite. Os dirigentes espirituais responsáveis pelos trabalhos nos aguardavam. Cumprimentei cada um com alegria e respeito. Sabia das enormes responsabilidades que nossos companheiros estavam investidos nas tarefas de Evangelização, de Esclarecimento, de Desenvolvimento e de Aprimoramento no intercâmbio entre os planos físico e espiritual. Já estávamos no horário da prece de abertura e o horário era absolutamente seguido à risca, por respeito ao tempo de todos.

As luzes se apagaram, ficando o ambiente em leve penumbra, enquanto suave música nos convidava à oração e à meditação. A irmã encarnada, encarregada da prece, foi envolvida em fluidos de alegria e amor, sua aura se ampliou em resplandecente luminosidade, enquanto proferia tocante prece de agradecimento ao Criador pela oportunidade de aprendizado, por poder recordar os ensinamentos do Mestre Jesus e pelas bênçãos da noite. À minha visão espiritual, o salão se expandiu para além dos domínios das quatro paredes, as luzes em profusão se irradiavam para o alto e, maravilhado, pude verificar que, das esferas mais altas, cascatas provenientes de poderosos fluxos luminescentes inundavam o ambiente, num espetáculo magistral de beleza e luz. Todos nós, encarnados e desencarnados, éramos beneficiados naquele intercâmbio luminoso que unia, em amor e paz, o plano físico e o espiritual.

Após a prece de abertura, as luzes materiais se acenderam, enquanto o orador, envolvido em fluidos de amor por irmão de nossa esfera de elevada hierarquia, iniciou a palestra da noite.

Foi então que tive a oportunidade de poder conversar como Irmão Cláudio, que era o principal dirigente da Casa. Trabalhador respeitado junto à espiritualidade superior, trazia como bagagem folha de trabalho ininterrupto, abnegação, renúncia, amor e esclarecimento, por mais de quatro lustros, segundo o Instrutor Alexandre. Apesar de sua aparência ainda jovem, não era difícil identificar a envergadura da condição espiritual de Irmão Cláudio.

— Seja bem-vindo à nossa casa, Irmão Virgílio. Conte com nossa colaboração e simpatia. Alexandre já nos informou de seus propósitos, estaremos à sua disposição com muita alegria no coração. Já estou há mais de vinte anos à frente desta casa. Os trabalhos têm se multiplicado, as necessidades se avultam, as dificuldades são enormes, e os trabalhadores de boa vontade, cada vez mais raros, embora sempre haja um punhado deles, que compense as limitações do número de colaboradores. A tarefa é de Jesus, e sabemos que, via de regra, poucos com amor no coração são capazes de verdadeiros trabalhos de superação. Muitas vezes acabam se surpreendendo e se perguntando: como conseguimos? A resposta, eles a têm no próprio coração.

Irmão Cláudio falava com simplicidade. Seu sorriso era espontâneo, próprio dos trabalhadores já experimentados na lida que conhecem as dificuldades do caminho, porque já lutaram o bom combate e venceram com Jesus.

— Nestes anos todos de trabalho e lutas, o que, em sua opinião, leva as pessoas a buscarem as luzes do Espiritismo?

Cláudio sorriu com ar de tristeza. Em seguida, respondeu-me com gesto significativo, referindo-se ao salão repleto pela assistência, que ouvia atenta as palavras do orador.

— Veja nosso salão como está lotado. Em sua grande maioria, são irmãos nossos que passam por dificuldades enormes na vida. Alguns recebem a visita da doença, outros, do desemprego, outros perderam entes queridos, outros, por perturbação espiritual, alguns por curiosidade e, uma minoria, pela vontade de conhecer os ensinamentos do Cristo, em busca da fé raciocinada, isto é, vem pelo amor. A esse respeito, Virgílio, recordo sempre a parábola do Semeador, tão bem simbolizado no ensinamento inesquecível do querido Mestre. As sementes são lançadas igualmente, algumas caem à margem do caminho, outras, entre os espinheiros, outras entre os pedregulhos, mas, uma parte cai em solo fértil, e aí, então, germinam e crescem viçosas, dando frutos abundantes. Observo sempre as escolas de médiuns que iniciam com grande quantidade de aprendizes do Evangelho, mas, com o passar do tempo, vão se rareando e, quando o curso é concluído, apenas um punhado de criaturas de boa vontade permanecem, lembrando novamente o ensinamento do Cristo que nos dizia que *"muitos seriam os chamados, mas poucos os escolhidos"*.

Cláudio interrompeu por alguns segundos sua explanação para que eu pudesse raciocinar a respeito dos conceitos emitidos. Sim, pensei comigo mesmo enquanto fazia minhas anotações, a Parábola do Semeador era perfeita para nos mostrar que os enganos da vida, as ilusões, as convenções sociais e até nosso comodismo nos leva a nos afastarmos dos compromissos do sagrado mandato da mediunidade, para o trabalho com Cristo. Muitos de nós ainda nos rendemos às sugestões infelizes de nossos irmãos das esferas inferiores e conservamos nossos corações estéreis à boa semente do amor que Cristo nos ensinou há dois mil anos! Que pena que o ser humano ainda não consegue compreender Jesus em sua grandiosidade e na pureza de seu

Evangelho de Luz! Cláudio sorriu-me, continuando sua linha de raciocínio:

— Observamos, Virgílio, que muitos buscam a casa espírita em desespero de causa. Começam a ouvir o Evangelho, a tomar passes e a passar pelo tratamento de desobsessão. Tão logo vêem solucionado seus problemas, não voltam mais. Na maioria das vezes, o problema é a bênção que Deus nos coloca no caminho, para que, recebendo o chamamento, possamos ter a oportunidade do aprendizado, assumindo os compromissos programados na espiritualidade antes do reencarne. Contudo, alguns fogem deliberadamente e, nós outros, temos que orar por estes irmãos e respeitar o livre-arbítrio de cada um. Para outros casos, a solução demora um pouco mais. A doença persiste mais um pouco, a dificuldade financeira se estende mais além, a perturbação não cede facilmente. Estas criaturas poderiam agradecer a Deus, pois isto lhes faculta a possibilidade do amadurecimento da boa semente em seus corações. A terrível doença, a dificuldade dolorosa e incômoda ou a perturbação que aflige, se observadas na ótica do resultado final, tratam-se de bênçãos para o espírito necessitado de burilamento e aprendizado na Escola do Amor! A maioria dos irmãos que buscam a Casa Espírita, ao serem encaminhados para a consulta preliminar, invariavelmente se assustam quando o trabalhador lhes informa que possuem mediunidade e necessitam de desenvolvimento. Muitos consideram que a mediunidade é um fardo pesado que algema o trabalhador a compromissos difíceis de um caminho sem volta. Esquecem-se das palavras carinhosas do Divino Amigo, para que caminhássemos com Ele sem medo, pois *"seu jugo era suave e seu fardo era leve"*.

Irmão Cláudio fez nova pausa, enquanto eu analisava a profundidade de seus conceitos. Observei que a palestra da noite já se encaminhava para seu final. Cláudio concluiu:

— Mediunidade qualquer um pode ter e desenvolvê-la ou não, mas Mediunidade com Cristo é algo que gratifica e engrandece a alma. A mediunidade a serviço do Cristo é alegria no coração do discípulo que não se amedronta diante da "boa luta" e nestas condições, o trabalhador do bem se supera, consciente de que ele é o maior beneficiado, pois aquele que acende a "*a candeia que alumia*" é o primeiro a ser iluminado. Assim é a alegria do justo, do candidato a discípulo do Mestre, não se encanta com o "canto das sereias" e sabe que será chamado a testemunhos de amor ao Cristo, mas segue sempre em frente, sabendo de sua responsabilidade no exercício do sagrado mandato que Jesus lhe confiou.

A palestra estava encerrada. Naquele instante, observei que, embora o "mensageiro" da noite houvesse se desligado, o orador ainda conservava sua aura perispiritual resplandecente. Cláudio convidou-me auscultar o irmão encarnado. Não me fiz de rogado. Aproximei-me e, enquanto a prece de encerramento era proferida sob uma chuva de bênçãos que desciam dos planos mais elevados, busquei a sintonia do orador que, em estado de prece, irradiava vibrações de alegria incontida em seu coração. Percebi que o irmão se encontrava em desprendimento como que transportado para outra dimensão. Busquei a corrente de seu pensamento, localizando-o em belíssima campina toda florida, com manso regato cujas águas sobre as pedras soavam em harmonia como acordes de música maravilhosa, juntamente com o vento que soprava alegremente sobre a paisagem, confundindo-se com o canto dos pássaros, enchendo o espaço de vibrações e luzes fosforescentes. Nosso irmão se manifestava em estado de êxtase, envolvido em fluidos balsamizantes e reconfortadores. Com o encerramento da prece e da reunião da noite, o orador retornou imediatamente para o corpo físico, mas observei que aquela sensação de alegria e bem-estar permaneceu em seu coração e, com certeza, haveria de perdurar por bom tempo.

Constatando que eu havia concluído minha observação, Cláudio arrematou:

— Compreendeste, Irmão Virgílio, a justa alegria do servidor do Mestre? Se nossos irmãos encarnados pudessem entender que a mediunidade com Jesus é, acima de tudo, conquista de valores inalienáveis da alma e verdadeira alegria por servir e não ser servido, então seria motivo de satisfação àquele que é convocado para o exercício do sagrado mandato.

Sim, eu compreendia que efetivamente a mediunidade era uma grande responsabilidade, que muitos de nossos irmãos encarnados estavam investidos à semelhança dos trabalhadores da última hora. Constantemente recebemos os chamamentos para o labor cristão, mas ainda nos acomodamos e fazemos ouvidos moucos. Contudo, o trabalhador que se dispõe a arregaçar as mangas e botar a mão na charrua, é lícito que receba a justa alegria daquele que sabe servir em nome do Senhor!

Alexandre convidou-me para que nos postássemos do lado de fora, a fim de observar a saída dos nossos irmãos encarnados que haviam assistido ao Evangelho. A maioria trazia a aura perispiritual sensivelmente iluminada, enquanto mantinham elevado padrão de vibração mental.

O obsessor discípulo de Polifemo, que havia feito galhofa de seu obsedado, ficou visivelmente irritado, pois, ao se aproximar, percebeu que não tinha mais acesso à mente do encarnado. Buscou atingi-lo com projeções mentais de medo, mas a condição vibratória de nosso irmão estava mais elevada e não oferecia campo de atuação para o perturbador. Por fim, percebendo que não conseguia nenhum resultado, vociferou:

— Não tem importância. Vou acompanhá-lo, pois não conseguirá manter o padrão vibratório. No momento em que algum acontecimento desagradável atingi-lo, então irá se aborrecer, se desequilibrar e baixará sua guarda. Então, estarei a postos para atingi-lo novamente.

Diante de minha admiração com o quadro presenciado, Alexandre esclareceu-me:

— O fato de nosso irmão ter buscado o recurso do Evangelho, significa que abriu sua mente para o entendimento e manifesta vontade própria de se melhorar. Os fluidos e a vibração harmoniosa do ambiente auxiliaram-no de forma positiva, contribuindo para a elevação de seu padrão vibratório. Entretanto, isto não significa solução do problema, pois nosso irmão ainda não apresenta condição de equilíbrio adequado e estará sujeito a oscilações vibratórias, de acordo com os problemas que vier a enfrentar. Nosso irmão obsessor conhece sobejamente as deficiências de seu obsedado e tem tempo de sobra para aguardar pacientemente as escorregadas para atingi-lo em seus pontos fracos. Conhecedor profundo da índole humana e de nossas imperfeições, Jesus nos recomendava constantemente a oração e a vigilância, pois sabia que, desta forma, teríamos a proteção necessária nos momentos de dificuldades e das tentações do caminho.

As ponderações de Alexandre eram sábias. Podia compreender que nenhum obsessor logra seu intento se não encontra no obsedado campo para o obsessão. Diz o ditado que não se ateia fogo onde não houver material de combustão. Ocorre que, conhecedores de nossas imperfeições e de nossos descalabros, nossos irmãos menos felizes nos insuflam idéias que vêm de encontro às nossas tendências e, em nossa invigilância, agasalhamos estas idéias. Via de regra, nos comprazemos com as tentações. Muitas vezes criamos um campo de cumplicidade com nossos irmãos obsessores, num clima de encantamento, e, quando percebemos a armadilha, já estamos profundamente comprometidos no processo obsessivo. Outras vezes, o obsedado perde até a capacidade de discernimento das idéias e pensamentos, sem saber se são dele ou não, pois se confundem entre obsessor e obsediado em perigosas simbioses obsessivas que podem levar a lamentáveis desequilíbrios psíquicos, se não buscar os recursos adequados em tempo hábil.

Com um sorriso, o Instrutor Alexandre completou meu pensamento:

— Sim, Virgílio, em nossa caminhada evolutiva, plantamos muitas flores, mas também em nossa invigilância e imperfeição, semeamos muitos espinheiros. Não existe causa sem efeito, nem ação sem a respectiva reação. As leis divinas são sábias e justas, e se nossos irmãos ainda sofrem sob a guante da obsessão, é porque trazem consigo as marcas dos erros do passado que necessitam do devido reajuste. Entretanto, o Divino Amigo nos oferece a oportunidade de trabalho através da mediunidade santificada, para resgatarmos nossos erros clamorosos, com amor e trabalho. O médium de tarefa assume este compromisso na espiritualidade antes do reencarne, mas quando está na matéria, reluta e resiste à idéia de trabalhar por amor. Se observarmos por esta ótica, a perturbação espiritual é uma bênção e um instrumento que permite ao tarefeiro relapso despertar para as responsabilidades.

As ponderações de Alexandre descortinavam-me um novo horizonte de entendimento a respeito da mediunidade com Jesus. Naquela noite, os apontamentos já estavam concluídos e a um gesto do Instrutor, retornamos para a colônia. Aquela noite teríamos mais uma palestra a respeito da mediunidade. No dia seguinte, disse-me Alexandre, retornaríamos ao Núcleo de Trabalho de Irmão Cláudio, para prosseguimento dos meus estudos. Já eram 22 horas passadas e, enquanto nos elevávamos no espaço, observei ainda que as formas luminosas que havia visto antes, agora estavam apagadas. O Instrutor esclareceu-me:

— As formações luminosas que observamos anteriormente, Virgílio, eram provenientes da união de pensamentos das pessoas reunidas em profissão de fé e direcionados por vibrações de amor. Como a maioria das reuniões já se encerraram, por conseguinte, as manifestações luminosas também se dispersaram, restando apenas as construções inanimadas, que nada são sem a presença do ser humano, do pensamento criativo e da fé que move montanhas.

A noite apresentava-se escura e sem lua. Enquanto nos afastávamos, observava, à distância, as luzes da cidade como centelhas luminosas, enquanto no céu, as estrelas tremulavam acenando na alegria do Criador. Sentia-me com o coração feliz e rejubilante de agradecimento a Jesus pela oportunidade de trabalho. Em prece silenciosa, agradeci ao Divino Mestre com os olhos em lágrimas.

CAMINHOS TORTUOSOS

Naquele dia, Henrique estava pensativo. Alguma coisa começava a escapar de seu controle, mas não identificava exatamente o que, e isto não o agradava. Notava ultimamente que Deolinda estava se modificando e não ficara satisfeito com a influência que os novos vizinhos pareciam exercer sobre sua personalidade. Na verdade, sua esposa sempre fôra muito dócil e gostaria que as coisas continuassem dessa forma: que ela continuasse dependente emocionalmente dele, sem raciocínio lógico e que a opinião do marido sempre prevalecesse, pois, assim, estaria tranqüilo para manusear a vida da esposa a seu bel prazer.

Casara-se por interesse. Moço bonito, inteligente, desejoso de fazer carreira em Direito, que com seu inegável talento certamente haveria de conseguir, quando conheceu Deolinda percebeu que o destino lhe sorria, pois, poderia unir o útil ao agradável. Por que não cortejar a filha do dono do escritório? A pobre moça encantara-se com os galanteios do rapaz e, com o coração conquistado, entregou-se ao amor que ia em seu peito. Tudo correu como planejado, em pouco tempo subiram ao altar, selando uma união onde um coração estava apaixonado, o outro buscava apenas a conveniência. Entretanto, Deolinda era muito bela e meiga, tanto que, no início, Henrique chegou a sentir algum afeto pela filha do Dr. Giácomo.

Mas nada como um dia após o outro. O amor, se é que um dia havia encontrado morada no coração frio e calculista de

Henrique, já havia se esvaído há tempos. O que ele gostava mesmo era de aventuras extra-conjugais. Todos no escritório sabiam das escapadas do advogado, mas ninguém ousava dizer nada contra o genro do Dr. Giácomo, que, aliás, desconfiava da fidelidade de Henrique, mas preferia não criar muita polêmica. Sabia da competência profissional do genro e, em termos profissionais, os dois se entendiam muito bem, então era melhor não se intrometer naquela questão, pois entendia que, afinal de contas, Henrique deveria ser um bom marido, nunca percebera nenhum sinal de desavença entre o genro e sua filha.

A verdade é que Henrique era um inconseqüente. As estagiárias do escritório tinham muitas histórias para contar. Algumas, por interesse profissional, deixavam-se seduzir pelo conquistador incorrigível, outras que não compactuavam com situações mais vexatórias, preferiam se desligar do escritório.

Foram muitas conquistas, muitas aventuras e, nestas condições, era lógico que o advogado não tivesse interesse na esposa, apenas mantinha o *status quo* do casamento por conveniência.

Entretanto, de todas as suas aventuras, houve uma que marcou a vida do causídico. Acostumado a avançar o sinal com todas as moças que cruzavam seu caminho e, de um modo geral, ter sempre sucesso em suas investidas, estranhou o que aconteceu naquela manhã no escritório. Como de costume, tão logo chegou, sentou-se e começou a examinar sua agenda para checar os compromissos do dia, quando bateram à porta pedindo licença para entrar. Henrique já estava acostumado, sabia que era Dona Elvira, a senhora do cafezinho. Com voz de enfado, autorizou a entrada, mas qual foi sua surpresa ao entrar uma jovem morena de cabelos compridos, de rara beleza. Imediatamente, parou o que estava fazendo para observar a moça, que se sentiu constrangida e despida diante do olhar concupiscente do advogado, que a observava sem disfarçar seus pensamentos mais secretos. Henrique estava encantado diante das formas perfeitas da moça e se conteve a custo para não agarrá-la imediatamente, pois, na verdade, este era seu desejo quase que incontrolável naquele momento. A moça, sem jeito, ofereceu o café:

— Como prefere o cafezinho, doutor?

Henrique sem desviar o olhar dos olhos da moça, que parecia devorá-la, respondeu maliciosamente:

— Servido por você, pode ser de qualquer jeito.

A moça sabia que estava sendo objeto de desejo daquele homem e sabia também que era poderoso dentro da organização, mas procurou não perder sua naturalidade.

— Está bem, doutor, então vou colocar duas colheres de açúcar. Está bem? - perguntou estendendo a xícara em sua direção.

Henrique quis segurar sua mão, mas a moça, ágil, retirou-a em tempo. O advogado não perdeu a pose. Desejava reter a moça por mais tempo em sua sala, de forma que puxou conversa.

— O café está uma delícia - comentou após ter sorvido o primeiro gole. Espere, você vai me oferecer mais uma xícara. Qual o seu nome?

A moça não sabia como reagir diante de tanta intimidade de um estranho. Entretanto, sabia que não podia ser mal educada. Era seu primeiro dia de trabalho, em substituição à antiga senhora que estava adoentada, achou por bem ser cortês.

— Eu me chamo Elídia. Obrigada por sua gentileza - respondeu enquanto lhe oferecia outra xícara de café.

Aquela voz encantou Henrique. Parecia-lhe um sonho que se materializava a sua frente. Tinha que conquistar aquela garota, custasse o que custasse, mesmo que, para isso, fizesse papel patético, qual um colegial que não sabe o que fazer para a realização de seus sonhos. Queria contar vantagem, falar de seu poder, de sua inteligência, das vantagens que poderia oferecer à moça.

— Meu nome é Dr. Henrique, mas quando estivermos a sós, não precisa me chamar de doutor, Elídia. Chame-me apenas de Henrique, ou melhor, para os íntimos, sou apenas Rick. Pode me chamar de Rick, está bem?

Dizendo isto, levantou-se, a moça preparava-se para sair. Henrique, acostumado a impressionar na primeira tentativa e não encontrar resistência, tentou segurar seu braço, mas Elídia foi muito ágil, esquivando-se com elegância, respondendo com firmeza:

— Até logo, Dr. Henrique, desculpe-me, mas tenho obrigações a fazer.

Dizendo isso, retirou-se empurrando o carrinho de café. O causídico sentiu, pela primeira vez, que alguém não se impressionara por sua posição, nem por sua beleza, acima de tudo era muito vaidoso. Considerava-se bonito, charmoso, rico, poderoso, tudo o que uma mulher poderia desejar. Entretanto, a atitude de Elídia aguçou ainda mais seu desejo de conquistá-la. Não iria desistir de seu intento tão facilmente. Ah, não iria mesmo. Quem o conhecesse bem, sabia que ele não era homem para desistir assim de uma conquista.

Nos dias que se seguiram, continuou seus galanteios e tentativas de agarrá-la, mas percebia que elas se revelavam infrutíferas. Ao contrário, notava claramente que aquela pobre moça evitava-o e, se entrasse em sua sala, era apenas por uma obrigação penosa. Inventava mil pretextos para que Elídia viesse até sua sala, derrubava café, espalhava propositadamente papéis e lixo para que ela recolhesse, exigia que limpasse os vidros de sua janela, embora estivessem absolutamente limpos. Tudo para que Elídia ficasse a maior parte do tempo possível junto dele.

Teve que empreender uma viagem para atender a uma audiência na Capital Federal, e se anteriormente suas viagens eram um motivo de prazer e divertimento, seu maior desejo era retornar rapidamente, pois sentia falta de Elídia. O que estava acontecendo? Não tinha com a moça o mesmo desembaraço que tinha com as demais e, inclusive, os colegas notaram a mudança em seu comportamento. Deixou de lado os galanteios com as demais moças do escritório. Na verdade, passou a sentir-se inibido.

Henrique não queria admitir, mas estava sentindo-se apaixonado. Podia ser o que fosse, mas não era bobo e percebeu que teria de mudar de tática se quisesse conquistar o coração de Elídia. Arquitetou então um plano. Ficou alguns dias sem aborrecê-la e, quando lhe servia o café, agradecia gentilmente.

Quando estava em sua presença, Henrique manifestava o semblante triste e pensativo.

Elídia notou a transformação do advogado. Entretanto, não perdeu muito tempo em indagações sobre o que poderia estar acontecendo. Até que aquela manhã, ao adentrar sua sala, viu-o de cabeça baixa, com a mão sobre a fronte. Ofereceu-lhe o café, Henrique agradeceu com um sorriso entristecido:

— Obrigado, Elídia, hoje não vou aceitar seu cafezinho. Obrigado.

Sem malícia ou maldade, a moça caiu na armadilha. Ficou preocupada com o semblante de Henrique, que parecia sentir alguma dor.

— O senhor está sentindo-se bem, doutor?

— Ah, Elídia, quase não dormi esta noite. Estou com terrível dor de estômago. Tomei um medicamento, mas atacou-me uma insuportável dor de cabeça. Tenho aqui uma aspirina, será que você poderia me buscar um copo de água?

— Claro, Dr. Henrique. Por acaso não tem no seu frigobar?

— Não, Elídia, está muito gelada. Por favor, em vez de água, traga-me um copo de leite. Acho que será melhor para não agredir o estômago.

Rapidamente a moça foi até a copa e retornou com o leite. Henrique tomou o copo com as mãos tremendo, colocou a aspirina na boca. Respirou fundo apoiando-se na mesa. Elídia estava sobressaltada. Realmente parecia-lhe que Henrique não estava bem. Foi a primeira vez que deixou que o advogado se apoiasse nela. Sentou-se com cuidado na cadeira agradecendo-lhe:

— Muito obrigado, Elídia, por sua gentileza. Estou sentindo um pouco de tontura, mas vou ficar um pouco quieto e, quem sabe, daqui a pouco estou melhor.

— Sim, doutor. O senhor deve mesmo repousar. Por que não procura um médico?

— Ontem estive em consulta e estou tomando os remédios prescritos. Mas isto logo passa, tenho certeza.

Henrique percebeu que acertara o alvo ao notar o interesse de Elídia. Esta já estava no papo, pensava consigo mesmo.

Entretanto, tinha que ser cauteloso e continuar com seu teatro para não estragar tudo. Tinha que conquistar sua confiança e passar a imagem de infeliz, frágil e desamparado. Iria despertar-lhe seu lado protetor e, em seguida, conquistá-la. Estava certo, realmente Elídia havia ficado preocupada. Ao deixar sua sala, comentou:

— Se precisar de algo, doutor, pode me chamar. Estou às ordens. Virei de vez em quando ver se o senhor melhorou, está bem?

— Não se incomode comigo, Elídia. Daqui a pouco estarei bem. De qualquer forma, fico sensibilizado por sua oferta. Obrigado mesmo.

Assim aconteceu. Durante o dia, a moça foi visitá-lo diversas vezes e Henrique fazia seu teatro, como quem estivesse trabalhando com grande desconforto de saúde. No dia seguinte, a moça novamente entrou em sua sala, mas sua fisionomia não mais era de alguém na defensiva. A moça já estava desarmada.

— Bom dia, doutor - falou carinhosa. Está se sentindo melhor hoje?

Henrique fez uma fisionomia triste. Era realmente muito bom na arte de representar. Respondeu demonstrando desinteresse por tudo, como se estivesse desencantado com a vida:

— Ah, Elídia. Que pena que tudo não possa se resumir apenas em questão de saúde. Porque saúde, contratamos um bom médico, tomamos os medicamentos certos e nos curamos. Mas a tristeza da alma, esta não tem cura. Acho que aí está a razão de minha doença. Sou uma pessoa muito infeliz.

Elídia estava impressionada. A primeira impressão que tivera de Henrique era totalmente diferente do homem que agora tinha em sua frente. Via uma criatura humana como outro qualquer, não um advogado famoso e rico. Percebia um homem infeliz e frágil. Decididamente, a artimanha do advogado havia derrubado sua muralha de defesa.

— Mas Dr. Henrique, o senhor não é casado?

Henrique fixou em Elídia seu olhar súplice, quase que implorando ajuda, que tocou seu coração de forma profunda.

— Exatamente aí está o problema, Elídia, é que ninguém pode me compreender. Casei-me com uma criatura que não me compreende e nada posso fazer. É a filha do dono do escritório. Mas ninguém pode me ajudar, tenho que carregar sozinho esta tristeza sem poder confiar a ninguém. Se ao menos tivesse alguém que eu pudesse desabafar.

Falou e ficou calado por alguns instantes com a cabeça baixa. Gesto calculado, pois sabia que estava provocando enorme conflito mental na moça, mas não tinha dúvida do resultado. Não tardou por esperar, depois de alguns segundos de silêncio, Elídia respondeu um tanto quanto acanhada:

— Perdoe-me, Dr. Henrique, mas de repente eu estava pensando que poderia ajudá-lo de alguma forma. Mas quem sou eu? Apenas a moça que serve café, mas se o senhor aceitar um ombro amigo, estou às suas ordens.

Era exatamente o que ele esperava. Seu coração queria explodir de alegria, mas tinha que transparecer o contrário.

— Ah, Elídia, não quero constrangê-la. Você já deve ter tantos problemas e ainda vai ouvir os meus? Não, embora esteja precisando muito mesmo desabafar, não quero que se sinta na obrigação de me ouvir.

— Não, doutor, não será nenhum constrangimento de minha parte, – respondeu solícita. Se quiser mesmo conversar, conte comigo.

Henrique então combinou que a apanharia na saída. Iriam a algum lugar sossegado onde pudessem comer alguma coisa e conversar à vontade. Elídia estava completamente desarmada e seu único desejo era realmente ser útil de alguma forma.

Foram a um luxuoso restaurante e a roupa simples da moça contrastava com o ambiente, mas Henrique, com gestos calculados não quis se antecipar a nada. Queria primeiro conquistá-la para depois oferecer-lhe algo. Sentaram-se à mesa e, logicamente, diante da presença do ilustre advogado, os atendentes serviram-na com distinção, qual se fora uma grande dama. Henrique procurava demonstrar simplicidade:

— Elídia, antes que eu encha seus ouvidos com minhas

lamúrias, fale-me de você. Conheço-a tão pouco e se vamos ser amigos, gostaria de conhecê-la melhor.

A moça sentiu-se lisonjeada. Henrique a tratava com gentileza e educação, e isto a satisfazia.

— Desculpe-me, Dr. Henrique, mas minha vida não tem muita importância. Não creio que seja nada digno de menção para que o senhor possa perder seu tempo.

O advogado não perdeu a oportunidade, respondendo como se estivesse ofendido:

— De jeito nenhum, não posso admitir que você ache que sua vida não seja interessante para mim. Afinal, se vou fazer-lhe minhas confidências, para mim é de extrema importância conhecê-la e, quem sabe, também ajudá-la de alguma forma. E, por favor, gostaria imensamente de pedir-lhe um enorme favor.

— De que se trata, doutor?

— É exatamente isto. Por favor, gostaria de pedir-lhe encarecidamente, não me chame mais de doutor, quando estivermos a sós. Apenas quando estivermos na presença de pessoas do escritório, por uma questão de respeito, se é que você me entende. Mas volto a insistir, fale-me de você.

A moça, perdeu um pouco a naturalidade, pois tinha consciência de sua posição. Esforçava-se para parecer natural, mas tratá-lo simplesmente pelo primeiro nome, era algo que teria que se esforçar, pois soava-lhe estranho aos ouvidos. Entretanto, diante da insistência do advogado, acabou por concordar.

— Está bem, Henrique. Minha história não é das mais felizes, pois desde cedo tive que lutar contra as adversidades da vida. Venho de família pobre e meu pai sempre lutou com muitas dificuldades, trabalhando desde criança em uma grande usina de cana-de-açúcar em pequena cidade do interior de São Paulo. Seu esforço foi reconhecido, pois apesar de sua pouca escolaridade, era bem quisto por todos e acabou recebendo promoções e um cargo de confiança dos diretores. Isto permitiu que eu pudesse estudar. Tenho mais quatro irmãos, mas eles não demonstravam interesse pelo estudo, mas eu sempre gostei, acabei por concluir o colegial em uma escola pública. Pois bem, eu já tinha dezessete anos e vislumbrava a possibilidade de trabalhar no escritório da usina, quando comecei a namorar, escondida de meu pai, o filho de rico fazendeiro da região. Papai sempre foi muito liberal para com meus irmãos, mas extremamente severo comigo. Eu era muito ingênua, mas fiquei apaixonada por José Pedro, o filho do fazendeiro, também jovem, bonito e galanteador. Quando estamos apaixonados, não costumamos raciocinar com lógica e eu realmente esqueci todas recomendações de papai, que sempre me dizia que iria me castigar com severidade caso eu fizesse alguma coisa errada. E papai castigava mesmo. Uma ocasião, deu-me tremenda surra, apenas porque ouvira dizer que eu estava flertando com um peão da usina. O rapaz era diferente dos demais, tinha uma beleza um tanto quanto rude e todas as meninas nutriam sentimentos de paixão por Nicanor, e eu também não era insensível, o peão reparou em mim, mas tudo não passou de uma troca de olhares que juntamente com as fofocas, provocou a ira de meu pai. Eu já era mocinha, mas a surra foi memorável. Mamãe, coitada, sempre subjugada e medrosa, não conseguiu defender-me. Então estava namorando José Pedro às escondidas e tinha medo de meu pai, mas minha paixão era mais forte do que a preocupação. Infelizmente, alguns meses de namoro, entreguei-me a José Pedro, que tudo fizera para conquistar-me, prometendo que se casaria comigo e eu realmente o amava, de forma que tudo fiz, sem sentimento de culpa. Entretanto, acabei por engravidar. Ao perceber que não vinham mais as menstruações e que começava a crescer o volume de meu abdome, fiquei desesperada. Descobri que estava grávida. O que fazer, meu Deus? Procurei meu namorado na esperança de que pudéssemos nos casar e só então percebi como era ingênua. José Pedro jurava que me amava, que se casaria comigo, mas não naquele momento. Eu teria que ter paciência e esperar, pois ainda era jovem e não poderia jogar fora sua juventude com um casamento prematuro. – E nosso filho? – perguntei. – Nosso filho? – respondeu-me com ironia, providenciaremos para que possa fazer um aborto e livrar-se desta gravidez incômoda. Meu Deus, Henrique, não sei se você poderá me entender, mas o mundo desabou sobre minha cabeça. Voltei para casa transtornada. Meu pai me mataria se soubesse, então qual seria minha saída? Naquela noite, não dormi pensando numa solução que não vinha. Os dias foram passando e eu me esforçava para apertar a barriga a fim de que ninguém percebesse o que estava acontecendo. Minha mãe notou que alguma coisa não estava certa comigo e me questionou, e nem sei onde encontrei forças para mentir a ela dizendo que estava tudo bem. Após alguns dias, acabei me encontrando novamente com José Pedro, que dizia já ter a solução do problema. – Elídia – disse-me ele – vamos até a cidade próxima, onde sei que tem um médico que faz aborto com toda segurança. Você verá como é fácil resolver tudo isto da forma mais simples, você tira a criança e tudo volta ao normal entre nós. Quem sabe daqui uns anos possamos nos casar e aí então teremos nosso filho. Eu era ingênua, mas a forma como José Pedro direcionava as coisas me deixava revoltada. Para ele tudo era simples, eu sofria aquela violência e continuaríamos a namorar de forma muito conveniente para ele! Pensei alguns segundos antes de responder e acho que foi a coisa mais certa que já fiz até hoje. Pedi a ele quanto o médico cobraria para fazer o aborto. "X", respondeu-me. Pensei comigo mesmo, que aquela importância não era desprezível. Pedi uns dias para pensar e depois dar-lhe-ia a resposta. Até o próximo fim-de-semana, disse-me. Durante a semana pensei bastante e cheguei à conclusão que não faria aquele aborto absurdo. Mas já tinha arquitetado um plano. Pediria que ele me desse o dinheiro que eu preferia procurar o médico e fazer o aborto sozinha. José Pedro concordou, pois no fundo não desejava mesmo ir comigo até a cidade vizinha para fazer o aborto. Na verdade, livrava-se de um incômodo. Eu sempre ouvira dizer que São Paulo era uma grande cidade, fria e impiedosa, mas que dava chances a quem desejasse trabalhar e pensei comigo mesma que poderia vir para cá, fugindo da ira de papai. Sempre ouvira dizer que aqui havia instituições que cuidavam de mães solteiras(*) e necessitadas. Faria qualquer coisa para não ter que enfrentar a fúria de papai. E foi o que fiz.

Com o dinheiro de José Pedro – continuou Elídia –, aproveitei um dia em que estava sozinha em casa, juntei minhas roupas, deixei um bilhete para minha família e tomei um ônibus até a cidade mais próxima e, de lá, rumei em direção a São Paulo. Quanta tristeza e desilusão. Não conhecia ninguém e, quando desembarquei na Rodoviária do Tietê, senti que estava sozinha no mundo, eu, Deus e meu filho. Mas eu deveria ser forte por ele. Comecei a andar com medo, pois via pessoas estranhas e apressadas que passavam por mim, ignorando-me completamente, quando vi uma senhora de idade que me pareceu de confiança. Ela orientou-me a procurar uma pensão que conhecia no bairro de Santana e foi o que fiz. O dinheiro de José Pedro dava-me uma certa tranqüilidade. Fiz as contas, verificando que daria para pagar o aluguel do meu quarto e me alimentar por pelo menos uns seis meses. Poderia procurar um emprego com calma, mas, a cada dia que passava, a angústia da incerteza quanto ao futuro me atormentava. Não tinha amigos e à noite quase não dormia de preocupação. Escrevi para minha mãe, para que não ficasse preocupada comigo, tendo o cuidado de não revelar meu endereço. Só queria que ela soubesse que eu estava bem. Passou-se um mês e acho que, de tanto procurar e pedir a Deus, finalmente consegui um emprego de garçonete em uma lanchonete das redondezas. Apesar de não ter prática, fui admitida pela minha desenvoltura e beleza. Percebi, de imediato, que minha vida não seria fácil, pois o proprietário, um senhor gordo e calvo, se interessou por mim. Logo nos primeiros dias de trabalho, com a desculpa de me ensinar como carregar uma bandeja, procurava encostar e tocar-me. Lógico que percebia suas segundas intenções, mas fazia de conta que estava tudo bem, precisava do emprego. Já estava no quinto mês de gravidez e meu corpo começava a sofrer significativas transformações e ganhar peso, mas, apesar de tudo, eu ainda continuava atraente. O senhor Ernesto sabia que eu morava sozinha, que estava grávida, que era solteira, que viera do interior e se tornava cada vez mais insinuante e inconveniente, mas Deus me dava muita paciência e presença de espírito, eu conseguia me desvencilhar em alto nível,

(*) A Instituição chama-se Amparo Maternal – Vila Mariana, em São Paulo – NAE

mantendo a moral e sem constranger meu patrão. Não podia me queixar, pois apesar de tudo, ele era bom comigo. Acho que, no fundo, ele alimentava esperança que eu acabasse gostando dele. Quando lhe disse que gostaria de conhecer o Amparo Maternal, tirou um dia da semana, deixando os empregados tomando conta da lanchonete, levando-me até a Vila Mariana para conhecer a instituição.

Elídia abria seu coração a Henrique, que ouvia com atenção calculada. Sabia que após aquela conversa, seriam íntimos e a moça estaria em débito com ele e isto o satisfazia. O vinho era bom e o jantar foi servido com requinte, mas Elídia parecia estar em outro mundo, alheia ao luxo do ambiente, pois, recordando seu passado, demonstrava que seu coração conservava marcas de uma ferida que ainda não cicatrizara.

— Tudo estava indo muito bem, quando, no sétimo mês de gravidez, insisti com o Sr. Ernesto que naquele sábado iria ajudar na faxina da lanchonete. Deveria tê-lo ouvido, pois acabei escorregando no piso molhado, sofrendo formidável queda. De imediato, senti uma dor aguda no abdome e gritei agoniada. O Sr. Ernesto imediatamente me levou ao Pronto-Socorro, mas não teve jeito. Fui internada às pressas e perdi o bebê. Todos foram muito atenciosos, médicos e enfermeiras, mas quando me disseram que era um menino e que havia morrido, enorme tristeza se abateu em meu coração. Eu tinha uma esperança que jamais seria sozinha na vida, teria meu filho, mas ele havia morrido. A sensação de perda era como se um pedaço de mim tivesse partido junto com aquele pequenino corpo inerte sem vida, que não tivera a chance de viver e de embalar meus sonhos e ser embalado em meus braços. Que tristeza, meu Deus, que sensação de impotência e de vazio, saber que, poucas horas antes, agasalhava uma vida em meu ser e, no instante seguinte, não existia mais nada. Nos dias que se seguiram, não tinha mais vontade de sair da cama, nem de trabalhar. Tornei-me uma pessoa amarga e revoltada. O Sr. Ernesto insistiu muito, mas quando viu que eu não correspondia, dispensou-me. Eu sou muito grata a ele, pois pagou-me o que tinha direito e deu-me ainda uma gratificação. Disse-me que se um dia quisesse voltar, me receberia de braços abertos. Depois de um mês de prostração, senti que era hora de dar a volta por cima. Havia guardado um pouco de dinheiro e, juntamente com as economias de José Pedro, tinha uma certa tranqüilidade, mas, no fundo, aquele sentimento de vazio e tristeza não me abandonava. Comecei a procurar emprego em lojas como vendedora, e, após algum tempo, finalmente fui admitida em uma loja de roupas infantis. Via aquelas roupinhas delicadas e imaginava meu filho vestido, e acabava chorando. Novamente tive problemas, pois o filho do meu patrão, um moço muito mal-educado, vivia me aborrecendo. Entretanto, eu sabia como mantê-lo à distância, mas, às vezes, tornava-se meio inconveniente. As minhas colegas de trabalho não entendiam porque eu fora a escolhida e me recusava a dar atenção ao moço. Eu deveria sentir-me uma felizarda, comentavam. – Quem me dera, dizia uma delas, se fosse comigo que Maurício desejasse sair. Saía a hora que ele quisesse. Eu fiquei furiosa e respondi: – Por isto mesmo ninguém mais respeita as mulheres, por que moças como você não se dão o respeito. Ninguém entendia que eu não sentia necessidade de homem. Apesar de ficar com a fama de casmurra, de caipira, de quadrada, passaram a me respeitar. O tempo passou e fui melhorando minhas condições financeiras, adquiri prática de vender e obtive melhores comissões. Melhorei de vida e cheguei a alugar um pequeno apartamento na região de Santana. Trabalhei durante três anos, mas, não sei por que, o movimento foi caindo, os negócios ficaram ruins e acabaram fechando a loja. Fui despedida e não recebi meus direitos trabalhistas. Fiquei desesperada, tinha despesas mensais e não poderia me dar ao luxo de ficar sem emprego. Foi um momento difícil, passaram-se dois meses e não consegui trabalho. Quando uma agência me ofereceu para trabalhar de copeira em um luxuoso escritório de advocacia, eu não tinha condições de escolher e aceitei de imediato. O resto você já sabe, Henrique.

O advogado estava mais que satisfeito. Astuto, percebia que Elídia havia baixado completamente a guarda e a barreira que antes existia, estava por terra. Agora era só colher os frutos de sua investida, mas ainda precisava ter cautela. A moça chorava emocionada, recordando seus maus pedaços, necessitava de um ombro amigo, um braço forte e ele seria seu protetor. Puxou a cadeira ao seu lado, estendendo o braço por volta de seu ombro e a moça recostou suavemente sua cabeça no ombro de Henrique, que, felizardo, acariciava seus cabelos.

Após alguns minutos de silêncio e já recomposta, Elídia agradeceu a Henrique pela paciência em ouvi-la.

— Obrigada, Henrique. Eu precisava mesmo de um desabafo. Mas viemos aqui para falar de seu problema e o que aconteceu? Agora além de seu problema, tem também o meu.

— Não se incomode, minha querida, respondeu todo atencioso. – O que importa é que você pôde desabafar e, se isto lhe fez bem, fico feliz por você. Mas você tem que prometer que viremos amanhã jantar novamente, e então será minha vez de falar, está combinado?

A moça sorriu aquiescendo.

No caminho de volta para casa, quando a deixou no modesto prédio onde morava, Henrique teve ímpetos de entrar com a moça. Sabia que sua resistência havia se esvaído e seria apenas questão de insistir um pouco mais, porém o bom senso recomendou que tivesse paciência. Elídia era muito desejada e Henrique gostaria que aquele relacionamento fosse duradouro. Ardia de desejos, mas, com custo, conteve-se. Iria valer a pena esperar pelo momento certo, que não tardaria a chegar.

ACOMPANHANDO OS TRABALHOS

Aquela era uma ocasião propícia para minhas anotações. Alexandre me informou que era uma noite destinada à reunião de desobsessão e que, certamente, poderia acompanhar de perto o desenrolar de um processo de psicofonia e de doutrinação.

Eu já tivera oportunidade anteriormente de acompanhar o procedimento de incorporação em outras reuniões de desobsessão, mas acabara não me detendo profundamente nos detalhes que envolvem um processo de preparação, aproximação, envolvimento e contato entre o médium e os espíritos sofredores, bem como a tarefa de doutrinação que, segundo me informara o Instrutor Alexandre, exigia do médium muita dedicação, responsabilidade, conhecimento e, acima de tudo, sensibilidade para com os irmãos menos felizes.

Ao chegarmos ao Núcleo de Trabalho, a exemplo do que já havia observado na reunião anterior, notei que todos os cuidados no que se refere à segurança da instituição faziam-se presentes. O envoltório luminescente se irradiava como um cordão de isolamento por toda extensão do Núcleo, bem como a presença, em posições estratégicas, de caboclos e índios, destinados à manutenção e garantia da ordem no desenrolar dos trabalhos da noite.

Adentramos ao recinto, onde Cláudio já nos aguardava. Apesar de sua responsabilidade na condução dos trabalhos, notei que o querido mentor, de forma carinhosa, passou a dedicar sua atenção às minhas observações. Informou-me que, atualmente, não é mais necessário que o encarnado em tratamento passe diretamente pelo grupo, bastando sua presença no salão de Evangelho, ouvindo palestras e orientações à luz do *Evangelho segundo o Espiritismo*. Enquanto o encarnado se beneficia das preces e das palestras, seus "acompanhantes" são encaminhados para a sala de desobsessão, onde recebem, através do processo de incorporação, a doutrinação esclarecedora. Entretanto, o Núcleo havia destinado as quartas feiras para que fossem realizados trabalhos especiais, com irmãos em processos de obsessão mais complicados e, portanto, ainda seria utilizado o expediente de o encarnado passar pelo grupo o tempo necessário à incorporação do médium. Em seguida, seria retirado do ambiente, não seria recomendável que tomasse conhecimento do teor da conversa entre doutrinador e doutrinado. Muitas vezes, por falta de preparo, o encarnado acaba se impressionando com o que o espírito diz a seu respeito. Este fato, em vez de ajudar, atrapalha, em vez de construir, na maioria das vezes, destrói. Outra razão é que, por vezes, o espírito revela fatos do passado a respeito do encarnado, que ele não está em condições de ouvir.

— Seria como um segredo de confessionário, Virgílio – completou Cláudio com um sorriso.

Achei interessante a elucidação de Cláudio, pois o que importava mesmo era a mudança do encarnado e sua conscientização. Este era um ponto básico. Sem a mudança íntima de seu campo mental e vibratório, o trabalho torna-se mais difícil. Afasta-se um espírito, mas virão outros, que encontrarão campo de obsessão e material de combustão, e o processo obsessivo se estende. Torna-se um trabalho improfícuo.

Quanto ao desencarnado, recebe o benefício do esclarecimento, a oportunidade de se desprender das amarras, das intrincadas teias que tece em torno de si mesmo através do processo obsessivo vingativo, ou simplesmente sua libertação, quando se trata de espíritos sofredores muitas vezes inconscientes da real situação do mal que causam pelo simples fato de se aproximarem de pessoas sensitivas.

Enquanto Cláudio prestava-me esclarecimentos, o Instrutor Alexandre prestava sua colaboração aos trabalhos da casa.

Notei que os grupos já estavam formados, dispostos em forma circular, de modo que a cada médium doutrinador estavam destinados dois médiuns de incorporação. As atividades espirituais do nosso lado eram intensas. Equipes de médicos e enfermeiros destinados ao amparo dos espíritos em sofrimento que seriam atendidos naquela noite estavam a postos. Observei ainda que cada grupo contava com uma equipe espiritual de suporte às incorporações e às doutrinações específicas. O ambiente era de completa harmonia, no horário aprazado foi efetuada a prece de abertura. O lugar, que já estava impregnado de luz e fluidos vibratórios de elevado padrão, após a prece o nível de saturação fluídica se expandiu, enquanto, em minha observação, pude notar que um irmão apresentava a aura perispiritual impregnada de aderências deletérias e tóxicas, enquanto outro apresentava a aura com pesadas emanações fluídicas, viscosas, que alteravam a harmonia do corpo perispiritual.

Ante minha indagação, Cláudio esclareceu-me:

— A responsabilidade do médium é muito grande, Virgílio. O sagrado mandato da mediunidade convida o candidato a discípulo do Mestre a melhorar-se, aprimorar-se, efetuar a reforma íntima e renunciar a alguns prazeres mundanos. O hábito do fumo é extremamente prejudicial. Observe atentamente que a aura de nosso irmão está impregnada pelas emanações tóxicas do tabaco. Além de prejudicar sua saúde física, cria desarmonia no conjunto do trabalho. Os irmãos de nossa esfera terão que dispender grande esforço, através de passes de dispersão, para eliminarem o máximo possível das substâncias nocivas, permitindo assim que o médium invigilante, possa dar sua contribuição ao grupo. O outro caso, trata-se de irmão que ainda não tem disciplina à mesa de refeição. É aconselhável que em dias de reunião mediúnica o trabalhador evite excesso de alimentação, particularmente quanto à carne, e nosso irmão entregou-se hoje à suculenta feijoada, alimentando-se exageradamente. O resultado aí está. A equipe espiritual terá que se desdobrar com passes para limpar a aura de nosso irmão e mesmo assim, se não tiver condições, terá que ser isolado espiritualmente, sob o risco de comprometer a eficácia dos trabalhos.

Fiquei imaginando a responsabilidade dos médiuns. Acima de tudo, o médium tem que ser consciente de sua responsabilidade, pois o trabalho em nome de Cristo exige renúncias e abnegação.

Enquanto ainda não se iniciavam propriamente os trabalhos, notei uma equipe que se destacou à minha observação. O grupo era formado por um preto velho, um caboclo, um índio, um professor e um médico. Notando minha curiosidade, Cláudio convidou-me para que nos aproximássemos. Ainda teríamos alguns minutos e faria questão de apresentar-me ao grupo, frisou.

— Irmão Virgílio, aqui está um grupo de amigos desta casa, que prestam colaboração há anos. Com certeza, terá oportunidade de muito aprendizado em momento oportuno, onde poderá estar ouvindo suas histórias. Este é nosso querido Pai João – disse referindo-se ao preto velho.

Fiquei encantado com o sorriso sincero e espontâneo de Pai João. Irradiava belíssima aura de bondade e simpatia. Acolheu minha mão estendida entre as suas, abraçando-me em seguida:

— Seja bem-vindo em nossa casa, "fio" Virgílio. Pai João ao seu dispor!

Não me disse mais nada, e nem precisava. A simplicidade e o carinho de Pai João me emocionavam. Em seguida, Cláudio me apresentou aos demais membros do grupo:

— Este é nosso querido "Índio Tibiriçá", nosso caboclo Jonas, nosso professor Saulo e nosso dedicado médico Dr. Duílio.

Recebi de cada um, um abraço de carinho e boas-vindas. Estava impressionado com a sintonia do grupo. Entretanto, o momento não permitia mais diálogo, pois começavam a adentrar no recinto os primeiros encarnados para o trabalho de desobsessão. Cláudio informou-me que aquela noite estaria inteiramente à minha disposição, enquanto que o Instrutor Alexandre estaria assumindo a responsabilidade da direção dos trabalhos da noite. Enquanto os primeiros grupos já iniciavam o trabalho, aproveitei para questionar Cláudio:

— Irmão Cláudio, apenas a título de curiosidade, esclareça-me por favor: porque Pai João se manifesta na condição de velho escravo, se percebo nele uma condição evolutiva bastante elevada?

— É uma história de vida muito interessante, Irmão Virgílio. Pai João poderá oportunamente contar-lhe a respeito. É um irmão de grande condição evolutiva, mas apresenta-se de forma humilde, em memória e agradecimento a existências pretéritas em que vivenciou a condição de escravo. Sofreu muito, mas aprendeu a lição da humildade e jamais esqueceu a experiência que lhe valeu importante resgate de faltas clamorosas do passado.

Agradeci a atenção de Cláudio, mas necessitava concentrar-me no trabalho, pois as primeiras manifestações de incorporação já estavam em andamento. Havia me interessado pela história de Pai João, e faria questão de ouvi-la no momento oportuno. Aproximei-me de um grupo cujo médium dava passividade para uma senhora de aparência idosa que acompanhava um cavalheiro de meia-idade, este se retirou tão logo o grupo se ligou em sua acompanhante. A senhora parecia-me completamente perdida e se agoniou ao ver que sua companhia se retirava do recinto enquanto que ela se sentia atraída ao médium, como se poderoso ímã a atraísse em direção oposta ao seu desejo. Notei que a equipe de trabalhadores de nossa esfera a amparava carinhosamente, mas a irmã não tinha a menor noção do que ocorria. Os irmãos postaram-a ao lado do médium que se entregando como zeloso enfermeiro, buscou sintonia oferecendo seu campo mental para manifestação da irmã, que, ao seu lado, manifestava sua estranheza com o que acontecia:

— Pelo amor de Deus, não deixem que ele vá embora. Preciso estar ao seu lado, vocês não percebem? Ele vai se perder por estas ruas, preciso ajudá-lo!

— Calma, minha irmã, dizia o doutrinador. Serene seu coração, a senhora necessita de amparo e por esta razão está aqui conosco esta noite. Nós vamos ajudá-la e, para tanto, é necessário que se tranqüilize e que tenha confiança em Deus.

Notei que o doutrinador falava sob inspiração do mentor, cujos fluidos vibratórios estavam em perfeita sintonia. Era interessante observar que, tanto mentor quanto médium, estavam em estreita ligação mental, o doutrinador recebia inspiração e reproduzia as orientações do mentor com grande facilidade. Quando o médium mencionou a necessidade da confiança em Deus, a senhora interrompeu por um momento sua preocupação, respondendo:

— Se confio em Deus? Claro que confio. Ninguém nunca poderá dizer que Josefina Assunção não teme a Deus. Vou religiosamente à missa todos os domingos, confesso meus pecados e comungo! Deus sabe que conservo em meu coração o temor necessário ao Pai! Mas o que isto tem a ver? Que lugar é este? Que corpo estranho, é de homem! O que está acontecendo? Isto está me parecendo bruxaria!

— Mais uma vez lhe pedimos irmã, tenha calma. Aqui é uma casa de oração e a senhora não precisa se preocupar, é em nome de Deus que aqui estamos para auxiliá-la, necessita de esclarecimento.

— Ah, meu senhor, não está me entendendo, meu filho saiu por aquela porta e tenho que acompanhá-lo para protegê-lo, não compreende? Ele anda tão triste, precisa que eu esteja ao seu lado para ajudá-lo. Por favor, deixem-me ir.

— Minha irmã - retrucou pacientemente o doutrinador - não se preocupe com seu filho, pois ele tem a proteção de Deus. A senhora que é temente a Deus precisa confiar no Pai Celeste. Recorda o ensinamento que diz *"Tudo posso Naquele que me fortalece"?* Hoje a senhora irá agradecer conosco ao Senhor, pois como dizia Jesus, *"A tua fé te salvou"*, não é mesmo?

As citações bíblicas surtiram efeito imediato em dona Josefina que se acalmou.

— Ah, como é bom ouvir estas palavras. Eu já nem recordava mais estes ensinamentos e você me fez lembrar as missas a que eu assistia. Interessante, parece-me que faz tanto tempo que eu não vou à missa nem tomo comunhão. Acho que estou ficando esquecida, porque será que isto está acontecendo comigo?

O Irmão Cláudio ao meu lado, esclareceu-me que naquele momento ainda não seria adequado esclarecer à irmã de sua condição de desencarnada. Necessitava antes de auxílio e equilíbrio, deixando para o momento apropriado o devido esclarecimento. Notei que o mentor conduzia o doutrinador para que tal fato assim ocorresse. Observei que o médium conversava de forma natural com a senhora, qual uma conversa entre dois encarnados, num bate papo informal:

— É verdade minha senhora. Acontece que depois de algum tempo, a gente vai ficando mesmo meio esquecido. Isto não acontece só com a senhora, acontece com todos nós. Mas gostaríamos de ajudá-la em nome de Jesus, aceita?

— Ah, meu filho, você está me falando com tanto carinho que me lembro do padre Antônio. Ele era muito atencioso, e nos ensinava a respeito de Jesus. Você está dizendo que pode me ajudar, então me ajude – gostaria de fazer uma oração. Faz tempo que não oro, poderia fazer isto por mim?

Dona Josefina despertava sentimentos de piedade e compaixão. O doutrinador sentia-se tão envolvido, que de seu tórax irradiavam pequenos feixes luminosos em direção à irmã necessitada, enquanto o médium iniciava sua oração:

— Jesus, Divino Amigo de todos nós. Vós que curastes os enfermos, devolvestes a visão aos cegos, levantastes os caídos, devolvestes a razão aos perturbados, aplacastes a tempestade, e nos oferecestes a água da vida, abençoa nossa irmã Josefina. Recordamo-te Senhor, como nosso Divino Pastor, que deixa suas ovelhas na segurança do redil e vai em busca da ovelha desgarrada, acolhe novamente em seu aprisco nossa querida irmã. Ilumina, Senhor, seu espírito, abençoa seus propósitos e permita que ela possa neste instante compreender sua bondade infinita, como o filho pródigo que retorna à casa paterna após sofrer os desencantos do mundo! Que neste instante, Senhor, possa nossa querida irmã ser amparada por sua infinita bondade, assim seja!

Dona Josefina estava em lágrimas. Ela acompanhara emocionada cada palavra proferida pelo médium e compreendia naquele instante sua condição de desencarnada, mas sentia-se confortada pela equipe espiritual que a amparava. Apresentava-se emocionada, mas fortalecida pela corrente vibratória que a tomava em fluidos energéticos de amor e compreensão. Suave claridade a envolvia pela sintonia da oração identificando os irmãos espirituais que a recebiam:

— Jesus, Mestre amado, eu Vos agradeço pela bênção recebida! Agora posso compreender quando dissestes que sem seu reino não era deste mundo! Percebo, Senhor, as suas luzes divinas e seus mensageiros, – dizia se referindo aos nossos companheiros que a recebiam, – mas Senhor, quem vejo? Padre Antônio? Ah! Senhor, é muita alegria para uma filha tão ingrata. Perdoa-me Senhor, havia-me esquecido da fé e do seu amor!

Realmente, identifiquei no grupo que acolhia Dona Josefina, um irmão de nossa esfera, trajando a indumentária de um sacerdote católico a quem a irmã havia se referido como Padre Antônio. Enquanto se deixava levar docilmente para o pronto-socorro de nossa colônia, irmão Cláudio me esclareceu:

— Irmão Virgílio, você está questionando o fato de, num trabalho de cunho espírita, ainda incompreendido e muito combatido pela igreja, existir a presença de um sacerdote católico. Na verdade, as divisões sectaristas ainda ocorrem no mundo material, onde os interesses ainda são imediatos e falta esclarecimento. Nos planos inferiores da espiritualidade, irmãos nossos desencarnados conservam após o desencarne, arraigados, a estreiteza da visão que tinham quando na matéria. Mas nos planos mais elevados, onde os espíritos já possuem o devido esclarecimento, não mais existem rótulos, apenas a compreensão da verdade. Muitos irmãos nossos, ao tomarem conhecimento da verdade que liberta, como nos ensinou Jesus, ainda experimentam dificuldades de entendimento e necessitam de longos estudos e aprendizado. Entretanto, não podemos esquecer que cada criatura está em um estágio diferente, em termos de evolução e entendimento, e dessa forma, espíritos esclarecidos reencarnam com tarefas específicas oferecendo sua contribuição dentro das igrejas evangélicas e católicas. Irmãos de elevada envergadura espiritual, retornam como missionários, oferecendo sua cota de contribuição dentro das filosofias que ainda não conseguem entender a grandeza do espírito que liberta, mas que são portadores de fé e sinceridade. Há que se respeitar a condição de cada irmão. Quando necessário, para facilitar o processo de encaminhamento de espíritos sofredores, apresentam-se na condição de sacerdotes, irmãs de caridade ou mesmo de pastores, tudo em respeito aos nossos irmãos necessitados, em nome do Cristo, que afinal é único, apesar das diversas religiões e dos vários rótulos.

Eu estava satisfeito e feliz com a explanação de Cláudio. Realmente, pensei comigo mesmo, não teria sentido haver divisões sectaristas nos planos mais elevados da espiritualidade. A verdade assume dimensões diferenciadas de acordo com a compreensão de cada um. À medida em que o espírito evolui, seus horizontes de entendimento se ampliam e a verdade adquire nova dimensão e só então o espírito eterno compreende a grandeza da criação divina, suas leis de justiça e misericórdia, ação e reação, causa e efeito. Compreende que o Senhor não castiga nem condena ninguém ao fogo eterno. O espírito, em sua trajetória evolutiva, é o próprio tecelão de sua felicidade ou de sua desgraça, de sua alegria ou de sua tristeza. Compreende que Deus oferece a cada criatura tantas oportunidades quanto necessárias ao seu aprimoramento e elevação; assim o espírito eterno caminha em suas jornadas redentoras, amando, sorrindo, sofrendo, caindo, levantando-se, morrendo e renascendo, seguindo sempre em frente, aprendendo, reaprendendo, renovando conceitos, evoluindo para concretizar o que nos preconiza o Evangelho: ser à semelhança do seu Criador, que é o destino de todos nós!

Irmão Cláudio sorriu-me em concordância com meus pensamentos, elucidando-me que para aqueles que já se libertaram da letra que mata, o rótulo da religião é o que menos interessa, pois o mais importante é seguir a Jesus e servir a Deus, amando e auxiliando o próximo.

Naquele instante, observei que adentrava o recinto um irmão que era trazido pelo grupo de retaguarda. Reconheci ser um dos integrantes de Polifemo. Elevada estatura, vibrações pesadíssimas, instilava ódio e revolta por ter sido apanhado desprevenido, dizia vociferando. Cláudio convidou-me para que me aproximasse e que pudesse acompanhar o processo de incorporação e doutrinação.

Observei que o médium destinado à incorporação era muito experiente e devidamente preparado para a missão. Ao identificar a pesada vibração do comunicante, buscou através da oração a condição adequada para a passividade, como precioso instrumento de amor a serviço do bem.

O irmão desencarnado, ao se aproximar do médium, foi atraído tal como um ímã atrai a limalha, justapondo-se ao tórax e tomando o aparelho fonético do médium, que experimentou certo desconforto físico. Ao observar minha surpresa, Cláudio aconselhou-me que me detivesse em exame mais acurado à constituição física do nosso irmão que naquele momento cumpria seu sagrado mandato a serviço da luz e do amor.

Pude então perceber, que as pesadas vibrações do comunicante, além do desconforto observado anteriormente, traziam também outras conseqüências. Notei que houve uma aceleração das batidas do coração do médium bem como um aumento da pressão sangüínea, enquanto leve transpiração inundava sua fronte. Ao notar meu semblante de preocupação quanto à segurança do trabalhador, Cláudio esclareceu-me:

— Veja, Virgílio, a importância do missionário bem preparado. Nosso irmão desvencilhou-se do hábito de fumar, se abstém totalmente das bebidas alcoólicas, evita ao máximo a alimentação carnívora, particularmente nos dias de reunião mediúnica, além de cultivar o evangelho do Cristo. As alterações físicas que observastes, podemos afiançá-las como normais no processo de incorporação mediúnica, considerando a condição vibratória do espírito comunicante do nível de nosso irmão que se apresentou. A espiritualidade não o encaminharia a um médium que não estivesse à altura das condições morais e espirituais exigidas. O desconforto é natural, pois a sensibilidade do médium capta o estado vibratório de nossos irmãos menos felizes, mas tão logo o espírito comunicante seja afastado, o médium retorna ao seu estado natural. A espiritualidade se encarrega de dispersar qualquer que sejam os miasmas ou resíduos opressivos de energias deletérias que, por ventura, ainda fiquem impregnados na aura perispiritual do médium. Se existe risco para a saúde ou a vida do médium? Absolutamente, acompanhamos atentamente o processo para garantia completa da sua integridade física. Não existe possibilidade de nenhum imprevisto, mas considerando que, se houver alguma ocorrência imprevista, o espírito será imediatamente desligado do médium, mas repetimos, todo processo é acompanhado *"pari passo"* e a incorporação ocorre com toda segurança para que a saúde e, integridade física do médium sejam asseguradas. Deixe claro em suas observações, Virgílio, para que não pairem dúvidas: no plano espiritual não existem imprevistos nem improvisações, e o soldado que se dispõe à boa luta, faz juz à retaguarda necessária, bem como os suprimentos indispensáveis para o bom desempenho no labor cristão. Entretanto, é necessário que seja enfatizado: o trabalhador deve estar em condições de saúde equilibradas para o exercício da mediunidade. Em caso de doença ou debilidade física, é aconselhável que o médium não participe de reuniões mediúnicas, exceção feita a reuniões de Evangelho.

Eu estava satisfeito com o esclarecimento de Irmão Cláudio. A espiritualidade jamais permitiria que um trabalhador do Cristo, que se doa como instrumento de amor e de paz, no sagrado mandato da mediunidade, pudesse ser abandonado à própria sorte, ao sabor da improvisação e da fúria dos ventos sem a retaguarda necessária. Recordei o ensinamento de Paulo aos Filipenses: "Posso todas as coisas n'Aquele que me fortalece." Sim, aquele que busca as claridades da espiritualidade no trabalho com Jesus, não receia as sombras, nem teme os fantasmas noturnos, não se atemoriza diante das trevas, não se intimida com ameaças, não se amedronta diante das forças do mal, consciente que "tudo pode" aquele que caminha com Cristo no coração.

A doutrinação estava em andamento. Nosso irmão tentava vociferar impropérios, mas o médium, apesar de parcialmente desligado do corpo físico, exercia uma espécie de controle sobre as expressões utilizadas, como um filtro mental. Percebi que o fato de estar colocando seu equipamento físico à disposição do comunicante, não significava que o beneficiário poderia fazer o que bem entendesse. O médium era um instrumento muito bem afinado e exercia completo controle sobre o andamento da incorporação, retornando ao vaso físico se necessário fosse.

Detive-me então a observar o andamento do diálogo entre o espírito manifestante e o doutrinador.

— Vocês estão enganados comigo. Advirto, vocês não me conhecem e prometo que não deixarei nenhum de vocês escapar. Ah, irão ver o que é bom! Pegarei um por um. Pensam que estou sozinho? Tem uma falange comigo e meu chefe é muito mais forte que todos vocês juntos. Esperem e verão, esperem!!!

O doutrinador médium, também experiente, tentava dialogar, inspirado por irmão de nossa esfera:

— Calma, meu irmão. Aqui ninguém pretende medir forças contigo, não, sabemos que é muito forte e que não está sozinho. Entretanto, é necessário reconhecer que, apesar de toda sua força e bravura, você está aqui conosco. É preciso que possas compreender que existem coisas que você desconhece. Se estamos recebendo você com carinho e amor, é porque existem razões para que assim seja. Serene seu coração, pois, com Cristo, encontramos a verdade que liberta.

O espírito, que até então se mostrava revoltado, pareceu se acalmar com as palavras do médium. Observei que o doutrinador vibrava amor e, em seu plexo cardíaco, havia uma irradiação de luz que atingia o espírito perturbado na altura de seu coração, ao mesmo tempo em que o médium de incorporação, apesar de parcialmente desligado do vaso físico, emitia pensamentos de equilíbrio e prece em seu favor.

— Lá vem você com esta história de Cristo. Você me fala de amor, mas Ele morreu desprezado e atraiçoado por todos aqueles em que mais confiava. Não adianta ficar querendo me desorientar, pois vocês só me pegaram por que eu estava distraído. Mas que diacho, sinto-me tolhido, amarrado, quero falar palavras de ofensas, mas não consigo. O que está acontecendo?

— Na verdade, meu irmão, o que você está sentindo nada mais é do que os sentimentos de amor que vibramos em seu favor. Você não está amarrado, mas a ascendência espiritual de nossos mentores inibe e tolhe sua manifestação violenta e negativa. Veja, não necessitamos da força bruta, mas do sentimento sublimado do amor d'Aquele que perdoou até seus amigos que o abandonaram na hora extrema. É o Divino Amigo que nos abraça sempre, como filhos pródigos, que retornamos à casa paterna após reconhecer a extensão de nossos erros clamorosos. Entretanto, meu irmão, aqui ninguém está te julgando. Quem somos nós? Somos seus irmãos em Cristo e somos portadores das mesmas deficiências clamorosas de nosso passado. Quem já não errou neste mundo? Mas podemos afiançar-lhe: o que realmente nos amarra são as sombras de nossas próprias imperfeições, mas Jesus nos liberta pelo amor.

Naquela altura da doutrinação, observei que a couraça que envolvia o espírito comunicante parecia prestes a ruir. Sentimentos conflitantes penetravam sua mente, ao mesmo tempo em que sentia algo novo em seu coração endurecido. Freou sua verbosidade impetuosa, enquanto refletia:

— Interessante – observou – há quanto tempo ninguém me chama de "meu irmão", e você me chamou. Estou pensando comigo mesmo que você talvez possa ter razão. Qual o motivo que teria para mentir? Já percebi que aqui não adianta ameaçar, pois ninguém tem medo, e, mesmo assim, você me falou com respeito. Estou observando que realmente nada está me amarrando, então porque não consigo me levantar e quebrar tudo? Confesso que já não me sinto tão mal e até recordo que, um dia, fui respeitado e feliz.

O doutrinador, devidamente inspirado, ficou em silêncio. Era necessário que nosso irmão pudesse pôr para fora tudo que ia em seu coração. Fez-se silêncio por alguns segundos, enquanto notei que algumas lágrimas desciam pelos olhos do espírito, materializados através dos olhos físicos do médium de incorporação. Eu estava maravilhado diante daquele quadro divino. O trabalhador que emprestava seu corpo material ao concurso do amor, era o instrumento fiel do sentimento daquele coração endurecido, cujos sentimentos transitavam pelo seu coração, a fala pela sua garganta, suas lágrimas pelos seus olhos. Percebi que a emoção dominava o médium em espírito, pois recebia todas as sensações do "doutrinado" como reflexo durante o processo "incorporação/doutrinação". Já não havia diferença de quem sentia ou de quem chorava. Inspirado o doutrinador continuou:

— Pois bem, irmão querido, tomamos a liberdade de falar-te em nome de Cristo. O Divino Amigo compreendia todas as nossas fraquezas e, mesmo sabendo que o atraiçoaríamos, não nos condenou. O Mestre jamais condenou nenhuma criatura. Por onde passava, sempre estendia as mãos aos tristes, aos aflitos, aos fracos, aos desesperados. Entretanto, jamais abandonou os irmãos transviados do caminho, andou com pecadores ensinando o comportamento reto, levantou a prostituta e a adúltera, recomendando que seguissem em frente e buscassem o bem, compreendeu e aconselhou os corações mais empedernidos, sem humilhar quem quer que fosse. Por isso, Ele foi o maior de todos! E você é um irmão querido que em nome de Jesus convidamos: vem conosco. Jesus te espera, meu irmão.

As palavras inspiradas do doutrinador tinham destino certo. Percebi que a couraça, a muralha que aquele irmão havia erguido em volta de si mesmo ruía completamente. A emoção tomava conta de seu coração que mal conseguia se manifestar dado o fluxo de lágrimas abundantes que corriam pelo rosto do médium:

— Ah! Jesus meu! Eu sou indigno de sua compaixão e perdão. Ah! Senhor, quanto mal praticado, quantos erros perpetrados. Será que um dia poderei alcançar a bênção de seu perdão?

— Jesus já te perdoou, meu irmão. O Mestre perdoou até os que o traíram e o crucificaram, porque não o perdoaria também? Tenha confiança, pois o Divino Amigo jamais abandonou quem quer que fosse, mesmo o último dos réprobos, porque não iria te acolher em Seu seio?

O quadro era emocionante. Aquele espírito revoltado de poucos minutos antes, era agora um gigante demolido, em flagrante demonstração de arrependimento sincero. O bom combate não tem vencidos, apenas vencedores.

— É que vocês não sabem quem fui eu e o que fiz. Deliberadamente usei seu Santo Nome para destruir e enganar. Matei os sentimentos mais sagrados de meu coração, afastando-me das criaturas que me amavam. Meus filhos, minha esposa, minha mãe. Apenas me preocupei com o poder do mundo enganoso, com a força da política e do ouro, das riquezas transitórias. Quanto tempo, meu Deus, quanto tempo! Onde andam aqueles que me foram caros ao coração? Ah, meu Senhor, auxilia-me pois não me sinto digno de pronunciar seu nome.

Neste instante, observei que gracioso espírito feminino adentrava o recinto, irradiando suave luminosidade, envolvendo aquele irmão atormentado em brandas vibrações de amor e carinho, acariciando sua fronte. Nosso irmão não identificou de imediato o que acontecia, dado seu estado emocional, mas registrou em sua sensibilidade que algo o envolvia e tocava as fibras mais sensíveis de seu ser. O doutrinador concluiu sua orientação:

— Querido irmão, suas lágrimas são mais que suficientes para demonstrar que seu arrependimento é sincero. O Divino Pastor te acolhe em seu aprisco, aproveitemos a oportunidade para agradecer ao Senhor a glória recebida. Abra seu coração. Sinta as vibrações de amor que o envolvem e veja quem veio buscá-lo de volta para o Reino do Senhor. Olhe, estenda suas mãos, pois a bondade de Jesus hoje te resgata pelas mãos de nossa irmã que o acolhe com carinho e amor, meu irmão!

Atendendo a orientação do doutrinador, levantou os olhos e, auxiliado pelos irmãos de nossa esfera que dilatavam seu campo de visão mediante projeções no centro frontal, identificou a personalidade do espírito que se apresentava à sua frente, dando um grito, misto de alegria e vergonha:

— Roxane, minha esposa querida! Há quanto tempo? Não me sinto digno de olhar em seus olhos. Por que te abandonei?

Porque te esqueci se era meu tesouro mais precioso? Por caridade, auxilia-me fazendo esquecer todo meu passado de erros.

Enquanto nossa irmã envolvia o pecador arrependido em fluidos de amor sublime que apenas os espíritos superiores são portadores, a equipe espiritual desligava aquele irmão, sendo encaminhado a um dos postos de recuperação e atendimento de nossa esfera. O médium retomou seu corpo físico ainda conservando por algum tempo a sensação do sentimento manifestado pelo espírito comunicante, cujos fluidos foram aos poucos se dispersando no ambiente.

Eu estava maravilhado por tudo que assistira. Cláudio com um sorriso de satisfação completou:

— O trabalhador do Cristo, no cumprimento do sagrado mandato da mediunidade é um instrumento fiel de amor e abnegação. Empresta seus sentidos para soerguimento aos caídos, de tal forma que os sentimentos do necessitado passam a ser seus próprios. Empresta seu coração para manifestar as dores e paixões, empresta sua voz para manifestar sua revolta e comoção e, por fim, empresta seus olhos e lágrimas para traduzir as mais sublimes manifestações de sensibilidade, recuperação e arrependimento diante das luzes do Senhor! Não foi o próprio Mestre que nos afiançou que o Divino Pastor desceria ao fundo dos abismos para resgatar a ovelha perdida?

Reconheci naquele momento, o alcance e o verdadeiro significado do médium como servidor, como trabalhador do Cristo no cumprimento do sagrado mandato.

A reunião da noite já se encaminhava para seu encerramento, enquanto a movimentação ainda era intensa do nosso lado, com médicos, enfermeiros e auxiliares amparando os necessitados através de macas ou simplesmente tomando providências para encaminhá-los para o pronto-socorro de nossa colônia. O Instrutor Alexandre aproximou-se informando-me que retornaríamos em breve para a continuidade de minhas observações a respeito do processo de incorporação/doutrinação.

Luzes multicoloridas irradiavam no ambiente, tomando formas graciosas e sublimes, elevando-se no espaço, enquanto aquele pequeno grupo de trabalhadores proferia a prece de encerramento. O sentimento de gratidão dos trabalhadores e a comunhão com o plano espiritual eram intensas. Sentia-me feliz e privilegiado pela oportunidade de poder observar aquele congraçamento entre nosso plano e os "operários" encarnados. Alexandre, observando minha emoção, comentou:

— O grupo pode ser pequeno, mas os trabalhadores que professam a doutrina com amor e desprendimento superam todas as dificuldades. Alguém poderia questionar o fato de que outros templos estão sempre superlotados, enquanto no Espiritismo, poucos se dispõem ao trabalho. Poderemos afiançar que, para a espiritualidade, não importa a quantidade, mas aqueles que realmente se doam ao trabalho com Jesus. O Mestre em sua caminhada, semeou o amor, a paz, a esperança, iluminando corações para a multidão que o procurava em busca de um milagre. Quem ficou com Ele até o fim? Até aqueles que dividiam com Ele os momentos mais sublimes e íntimos, nos momentos mais acerbos desertaram. Mas o Mestre sabia que, para cada um, teria o momento certo para assumirem os "mandatos", como de fato aconteceu. Pedro o negou, para em seguida abraçar o sublime mandato. Paulo de Tarso perpetrou barbáries contra os seguidores do Cristo, mas após a sublime visão às portas de Damasco, entregou-se de corpo e alma Àquele a quem perseguia até então, compreendendo o valor do mandato que o Mestre lhe outorgava. Abraçou a causa com coragem e alegria, consciente de suas imperfeições, mas confiante que só o amor resgataria a extensão de todos os males praticados.

Despedi-me agradecendo a todos. Abracei Irmão Cláudio, enquanto Alexandre dizia-me que ainda permaneceria no ambiente, abraçando-me com afeto e carinho. Enquanto retornava ao meu domicílio, observei do alto as luzes provenientes do Centro que aos poucos foi se extinguindo, ficando apenas suave claridade ao redor do edifício que abrigava o Núcleo de trabalho. Elevei-me no espaço longe das luzes da cidade, observando o infinito cósmico. As estrelas no firmamento tremeluziam, enquanto buscava com minha vista identificar as inumeráveis galáxias e nebulosas que rodopiavam no giro cósmico, na perfeita harmonia e grandeza do Criador. Em lágrimas fechei os olhos agradecendo a Deus todas as bênçãos recebidas:

— Oh! Senhor dos tempos, dos séculos infindáveis! Como somos pequenos diante de sua grandeza e majestade! Como ainda estamos distantes, Senhor, da compreensão de sua divina criação, em que tudo é perfeição, luz, paz e harmonia. Por que em sua obra, Senhor, o ser humano ainda reluta em buscar seu seio? Porque ainda resiste à alegria de servir-Te? Por que ainda foge dos sagrados compromissos assumidos na espiritualidade? Por que ainda se apraz servindo a Mamon? Por que não nos conscientizamos que ainda estamos distantes de compreender-Te e que Jesus é o caminho, a verdade e a vida?

Olhei novamente para o infinito, observando as estrelas do Cruzeiro do Sul que cintilavam alegremente, como a dizer-me que para Deus o tempo é um simples piscar de olhos e que, na grandeza de sua obra, até o último dos réprobos, um dia, seria à sua semelhança e imagem.

ENCONTROS E DESENCANTOS

Henrique estava satisfeito. Havia finalmente vencido a resistência de Elídia, pensava satisfeito consigo mesmo. Sentia que havia sido genial em sua astúcia. Primeiro, a comovera com seu problema, convencendo-a a sair para jantar. Depois, de forma calculada, incentivou-a a falar de si mesma.

Realmente, Elídia sentia-se em débito com o advogado. Como havia se enganado, pensava. Tivera uma impressão tão ruim quando o vira pela primeira vez, mas agora percebia como era uma criatura humana e bondosa. Entretanto, procurava não se iludir, não poderia esquecer que ele era casado. Tinha que ter cuidado com seus sentimentos e respeitar o sentimento da esposa dele, embora não a conhecesse, mas as pessoas diziam que era uma criatura muito bondosa. Mas, pensava, que mal havia em ser amiga e confidente do Dr. Henrique? Ele fôra tão paciente ouvindo-a em suas lamúrias e tristezas.

O advogado havia viajado aquela semana a serviço e Elídia sentiu sua falta. Pensava consigo mesma que, apesar daquele jeito meio fanfarrão, no fundo era uma pessoa alegre e boa. Foi quando ouviu alguém comentar que ele estaria voltando aquela tarde. Sem perceber seu coração palpitou de forma diferente e a todo instante imaginava a figura do advogado entrando no escritório. Preparou um cafezinho bem ao gosto de Henrique, para se distrair, quando uma secretária avisou-a:

— Elídia, por favor, o Dr. Henrique acabou de chegar e está

pedindo um cafezinho agora em sua sala.

Seu coração disparou, quase saindo pela boca. Meu Deus, pensou, será que estou apaixonada por este homem? Não é possível, isto não pode acontecer, isto não é certo, nem honesto de minha parte, pensava com seus botões.

Mas, infelizmente, era verdade. A moça não queria admitir, mas seu coração já estava conquistado pelo advogado inescrupuloso. Bem dizia o sábio, com muita propriedade: *"O coração possui razões que a própria razão desconhece."* Apanhou a bandeja e adentrou a sala de Henrique, denunciando sua condição psicológica, havia perdido sua naturalidade diante daquele homem.

O advogado era sagaz e imediatamente percebeu que Elídia havia mudado sua postura, não mais agia com naturalidade. Olhou-a fixamente nos olhos, percebendo que a moça ficou ruborizada. Intimamente, sorriu satisfeito. Estava no papo, não tinha mais como escapar, mas, mesmo assim, precisava manifestar seu carinho para cativá-la definitivamente. Caprichando no tom da voz para melhor impressionar a moça, disparou seu dardo mortal:

— Elídia, minha querida, como estou feliz por vê-la novamente. Não pode imaginar como eu estava com saudades, sabia?

— O senhor com saudades minhas, doutor? Por favor, não fique com brincadeiras.

— Ah! Elídia, quanto mais eu a conheço, mais eu a admiro. Foi muito bom termos saído o outro dia. Você contou-me sua história e eu estive pensando estes dias, como deve ter sofrido. Mas vamos lá, você está em débito comigo, lembra-se?

— É verdade doutor, aquele dia saímos para que o senhor pudesse desabafar suas mágoas, mas acabou ouvindo as minhas desventuras. Estou realmente em débito com o senhor. O dia que quiser sair novamente, estarei à disposição. Prometo que desta vez, não falarei nada a meu respeito. Quero apenas ouvi-lo, doutor.

— Obrigado, querida, respondeu o advogado sorrindo, segurando sua mão. – Mas por favor, emendou, quero lembrá-la que apenas aqui no escritório deverá me chamar de doutor. Quando estiver fora, não. Está bem?

Elídia sorriu aquiescendo. Sentia-se feliz pelo carinho e pela atenção de Henrique que, astuto, percebeu que a moça correspondia ao seu afago. Com satisfação indisfarçável, o advogado completou:

— O cafezinho estava uma delícia. A propósito, poderíamos jantar esta noite? Que acha?

— Por mim, tudo bem, doutor. Mas acabou de chegar de viagem. Sua esposa não irá criar-lhe problema por chegar em casa mais tarde?

Com gesto calculado, Henrique fez uma cara de tristeza, qual a de um cachorro abandonado. Era realmente um ótimo ator, impressionou Elídia.

— Ah, Elídia, se tivesse realmente em minha casa uma esposa que me amasse de verdade me esperando, acha que eu já não teria ido direto para lá? Sou muito infeliz em meu casamento, por isso necessito de um ombro amigo para que eu possa desabafar. Alguém que possa me compreender, me ouvir.

A moça ficou compadecida com o sofrimento daquele homem, tão sensível e tão incompreendido. Existem pessoas que não valorizam o marido que tem, pontilhou em seus pensamentos.

— Combinado, doutor. Hoje vou sair às 17 horas. Vou para casa tomar um banho e me preparar. Que horas passa para me apanhar?

— Às 18h30 em ponto. Combinado?

— Combinado.

Assim aconteceu. Às 18h30 em ponto, estacionou seu carro diante do prédio onde Elídia morava, chamando-a pelo interfone. Quando a moça desceu, Henrique quase perdeu a respiração: Elídia tinha se produzido e apesar de vestir um simples vestido preto de alça, ela estava simplesmente deslumbrante. Henrique não resistiu a um galanteio sincero, estava impressionado com a beleza da moça:

— Elídia, como você está linda!!! Hoje vou me sentir o mais feliz dos homens ao seu lado. Com certeza vou fazer inveja àqueles que me virem contigo!

Elídia sorriu constrangida, enquanto as maçãs de seu rosto ficaram ruborizadas.

— Obrigada, doutor! Há quanto tempo não ouço assim um elogio tão despretensioso e sincero. Obrigada mesmo, isto faz bem para o ego.

— Foi sincero mesmo, e de coração. Mas deixe-me lembrá-la, por favor, agora não mais me chame de doutor. Para você sou apenas Henrique, está bem?

Sorriram, enquanto o carro arrancava em direção ao requintado restaurante, com música ao vivo e pista de dança. Aquela noite tudo transcorreu conforme o desejo do advogado. O jantar foi servido, regado a finíssimo vinho, enquanto Henrique desfiava suas falsas lamúrias para a jovem que o ouvia consternada e penalizada. O advogado era tão convincente que ele mesmo acreditava em suas mentiras. Elídia ouvia-o atentamente enquanto procurava entendê-lo em sua infelicidade. Olhando profundamente em seus olhos, percebeu que o advogado tinha lágrimas que não chegavam a cair. Foi o tiro de misericórdia, a moça segurou suas mãos com carinho e afeição. Henrique não perdeu a oportunidade, sabia que Elídia já estava sob efeito do álcool e sensibilizada. Convidou-a para dançar cujo alvitre foi prazerosamente aceito pela moça.

Enquanto dançavam ao som de música nostálgica, acariciou-a, Elídia encostava sua cabeça nos ombros do advogado, como oferecendo consolo. Henrique, enquanto afagava seus cabelos, proferia doces palavras no ouvido da moça, que parecia flutuar no espaço, embalada pela ilusão. Quando retornaram, Henrique subiu até o minúsculo apartamento de Elídia, que não resistiu mais, entregando-se apaixonada àquele homem que finalmente conquistara seu coração.

Neste ínterim, Deolinda encontrava-se em casa lendo novo livro que Sabrina havia lhe emprestado. Sentia que havia descoberto uma nova fonte de alegria na Doutrina Espírita, passara a freqüentar as reuniões de Evangelho, descortinando um novo horizonte de entendimento a respeito da vida. Os livros passaram a ser uma fonte inesgotável de informações edificantes e entretenimento. Devorava os livros indicados pela amiga, sequiosa de conhecimento e compreensão, ao mesmo tempo em que percebia, de forma flagrante, que leitura também propiciava fortalecimento emocional e moral. Nos últimos dias, sentira vontade de orar e pedir em favor de Henrique. Que o marido não mais a amava, tinha certeza, mas a dúvida sobre suas aventuras extra-conjugais, transformaram-se em certeza. Em outras circunstâncias, fatalmente se prostraria e, certamente, haveria de fazer algum tratamento psiquiátrico para se recuperar, mas, naquele momento, percebia que seus sentimentos estavam sublimados. Sentia pena do marido, sabia que ele também era infeliz.

Seu pensamento buscou Henrique e sentiu saudades. Olhou o relógio e já eram 23 horas passadas. Obtivera informações que o marido já havia voltado da viagem, mas o que acontecera? Por que ainda não regressara ao lar? Onde estaria naquele instante? O que estaria fazendo? Uma lágrima desceu pelos seus lindos olhos verdes, sempre sonhadores, mas a realidade da vida e da difícil convivência no matrimônio, aos poucos, estavam sepultando seus mais belos anseios.

Agora, sentia-se com novo entendimento, até podia compreender e perdoar o marido. Quem sabe ainda não poderiam ser felizes? Quem sabe Henrique também não poderia se interessar pelo Espiritismo? Mentalmente, elevou seu pensamento pedindo a Deus que iluminasse os pensamentos do marido, onde quer que ele estivesse.

Sim, Henrique deveria ter a oportunidade que ela tivera, a bênção: conhecer o Espiritismo. Neste aspecto, iria conversar com Sabrina. Poderiam combinar de almoçarem juntos no domingo e Cássio, então, poderia conversar com Henrique. Deolinda não tinha dúvidas que Henrique haveria de se render às evidências daquela fé raciocinada, ademais, tanto Sabrina como Cássio eram criaturas cultas e extremamente simpáticas, e Henrique fatalmente iria se render à lógica e à razão dos conceitos do Espiritismo.

Já era quase meia-noite quando Henrique chegou em casa. Feliz, Deolinda levantou-se para recebê-lo com afetuoso abraço, mas a frieza do marido deixou-a tão aturdida, que foi com dificuldade que procurou se recuperar:

— Rick, meu amor, porque chegou tão tarde? Você está viajando há dias e retorna apenas a esta hora para casa?

Meio desconcertado, Henrique respondeu quase que laconicamente.

— Cheguei agora do aeroporto, querida!

Em seguida arrematou:

— Estou muito cansado. Acho que vou dormir direto. Não se preocupe comigo, comi alguma coisa no avião.

Deolinda estava pasma. Sabia que Henrique não a amava mais, que deveria estar com alguma aventura amorosa, mas agora começar a mentir? Ela soubera, pelas informações do escritório,que havia retornado à tarde, por que não inventava outra desculpa qualquer? Entretanto, o que mais machucava o coração sensível de Deolinda era que o marido, além da falta de consideração, ainda menosprezava sua inteligência. E o que era mais triste ainda: o diálogo entre eles estava definitivamente se acabando. O que fazer, meu Deus? – pensava.

Em poucos minutos, o marido dormia ao seu lado a sono solto. Apenas o corpo estava presente, pois, em espírito, Henrique buscava novos refúgios para seus anseios e desejos inconfessáveis. Entretanto, em seu pensamento, Deolinda sentia que não deveria desistir da luta. Haveria de reconquistar o marido, custasse o que custasse. Pensando assim, fez uma prece a Jesus pedindo por ambos, que Deus a iluminasse. Em seguida, depositou em seu rosto um beijo de amor, pois ainda amava profundamente aquele homem. Henrique fora o homem de seus sonhos, e ainda continuava sendo, apesar das decepções sofridas.

No dia seguinte, levantou-se juntamente com Henrique, procurando diálogo, mas percebia que a realidade era triste, o marido parecia não ter muito ânimo para conversa. Ainda estava muito chateada pela mentira que ele inventara, mas achou melhor não insistir. A melhor alternativa seria contar-lhe novidades, e foi o que fez:

— Querido, eu já lhe falei da nossa vizinha, não lhe falei? Pois bem, Sabrina tornou-se minha melhor amiga. Ela é uma criatura encantadora, Rick, você precisa conhecê-la. O marido dela chama-se Cássio e é uma pessoa incrível. Gostaria que, neste fim-de-semana a gente pudesse almoçar juntos. Seria uma boa oportunidade para você conhecê-los. Tenho certeza que irá adorá-los, Cássio é uma pessoa extremamente inteligente.

Henrique respondeu sem muito interesse, seu pensamento estava em Elídia. Teria que encontrar um jeito de sair com ela, sem, entretanto, despertar suspeitas, em Deolinda.

— Linda, querida, com certeza terei muito prazer em conhecer seus amigos, mas temo que este fim-de-semana tenha que adiantar alguns processos no escritório. Mas se tiver condições, será um prazer – respondeu disfarçando.

Sentaram-se, enquanto a empregada servia o café.

— Sabe, Rick, ultimamente tenho lido muitos livros espíritas e confesso que hoje me sinto outra mulher, pois com a leitura estou começando a entender melhor o sentido da vida. Por outro lado, Sabrina e Cássio são pessoas boníssimas e criaturas muito prestativas. Eles têm me ajudado muito. Tenho freqüentado o centro, assistido a palestras e visitado a creche que comentei contigo outro dia. Ah, Rick, como eu gostaria que você fosse comigo até lá para conhecer Carol. É uma menina que é a coisa mais linda do mundo. Tenho certeza que irá se encantar por ela. Vamos, por favor, vamos até lá este fim-de-semana. Dê um jeito, – pediu ela súplice.

Henrique até sentiu um pensamento de remorso que procurou afastar. No íntimo, sabia que era injusto e percebia o esforço que Deolinda fazia para se aproximar, mas o que ele desejava mesmo era viver suas aventuras extra-conjugais sem ninguém para aborrecê-lo. Na verdade, até tinha pena da esposa, mas daí a conhecer seus amigos espíritas, ouvir palestras, ir até a creche para conhecer Carol, era pedir demais para ele. Entretanto, tinha que ser sutil. Não podia desapontar nem fazer com que Deolinda perdesse as esperanças.

— Olhe, querida, como lhe falei, tenho muito trabalho que não pode esperar. São processos que requerem defesas urgentes que apenas eu posso preparar, dada a importância das causas e dos valores envolvidos nas lides. Mas não fique triste, prometo que, uma hora dessas, terei muito prazer em conhecer Sabrina e Cássio. Quem sabe também não poderei, um dia que estiver mais folgado, conhecer esta menina pela qual você se apaixonou?

Aquelas palavras foram para o coração sensível de Deolinda uma migalha que representou muito. Pareceu-lhe que o marido fôra sincero em suas palavras e que demonstrara interesse. Sonhou com os olhos abertos que talvez Rick gostasse de Carol e pudessem adotá-la. Quem sabe suas vidas não mudariam completamente? Talvez fosse uma nova chance de ser feliz ao lado do homem que sempre amara.

— Está bem, Rick. Quem sabe logo possa surgir uma oportunidade de você ir comigo até a creche? Mas vou reclamar com papai, você está trabalhando muito. Tem viajado demais, assim não está certo.

— Querida, já lhe disse outras vezes, não adianta reclamar com seu pai, quando nos casamos sabíamos que minha vida seria deste jeito. Então tenha paciência. Ah, hoje também não me espere muito cedo, terei um compromisso. É uma reunião importante e inadiável, mas procurarei retornar o mais breve possível, está bem?

Aquela era apenas uma desculpa e uma promessa que sabia não seria cumprida, pois planejava sair novamente com Elídia à noite. Deolinda sorriu conformada, mas seu semblante não conseguia disfarçar a tristeza que ia em sua alma.

— Está bem, querido. O que posso fazer, não é mesmo?

Após o café, Henrique saiu o mais rápido que pôde, dando um beijo apressado na esposa, que mais uma vez viu-o afastar-se com um sentimento de profunda tristeza no coração. Não sabia explicar, mas no íntimo tinha a sensação de que não estariam juntos por muito tempo. Sacudiu a cabeça procurando afastar aqueles pensamentos negativos, tinha esperança de reconquistá-lo e ainda serem felizes.

A semana correu atribulada para Henrique, que chegava tarde todas as noites. Deolinda tinha paciência franciscana, tudo tolerava e ainda procurava incutir ânimo no marido que, para a esposa, se revelava cansado, desanimado e sem energia.

Finalmente chegou o sábado. Henrique havia chegado de madrugada e ainda dormia, apesar de já ser quase meio-dia, quando Sabrina e Cássio bateram à porta da amiga.

— Bom dia, Deolinda! - cumprimentou Sabrina com alegria.

— Olá, Sabrina, Cássio, entrem por favor! Henrique está dormindo ainda, mas gostaria tanto que ele os conhecesse. Tenho falado tanto de vocês, mas ainda não tiveram a oportunidade de se encontrar.

— Não se incomode, Deolinda. Se Henrique está dormindo, deixe-o dormir. Quem sabe na volta não o encontramos?

Nisto Henrique se levanta ainda meio sonado, pois ouvira vozes e vai até a sala.

— Ah! Que bom, Henrique acaba de se levantar. Rick, querido, venha até aqui, Sabrina e Cássio estão na sala e querem te conhecer - convidou Deolinda.

Ficou meio sem graça, realmente não sentia nenhuma vontade de conhecer os amigos da esposa, mas agora era tarde. Quem mandou levantar-se sem verificar quem estava na sala?

Estendeu a mão contrariado a Cássio que, com simpatia, cumprimentou-o com educação e civilidade:

— Muito prazer, Henrique. Ainda não havíamos tido o privilégio de conhecê-lo, mas era como se já o conhecêssemos de verdade, tanto que Deolinda fala a seu respeito.

— Não ligue para as bobagens que Deolinda fala - respondeu grosseiro o advogado. Entretanto, se não fôra muito com a cara de Cássio, reparou em Sabrina. Que mulher bonita, pensou com pensamentos concupiscentes.

A grosseria e o jeito de olhar de Henrique não passaram despercebido nem de Cássio, nem de Sabrina, que procuraram disfarçar a "saia justa" provocada pelo marido de Deolinda.

— Você acredita em reencarnação, Henrique? - perguntou Cássio para mudar de assunto, tentando disfarçar o mal-estar do momento.

Henrique mal disfarçava os olhares que endereçava à Sabrina, respondendo com ironia:

— Reencarnação? Não diga, existe mesmo? Quem pode me provar?

Deolinda estava desconcertada pela atitude inconveniente do marido. Tentou consertar:

— Ora, Rick, se você não conhece o assunto, não tem o direito de duvidar. Bem que você poderia se interessar pelo Espiritismo. Iria se surpreender com os profundos conceitos e iria observar a vida por um ângulo diferente.

— E quem iria me ensinar o Espiritismo? – continuou em tom irônico.

Sabrina, ingênua, respondeu solícita:

— Tanto Cássio como eu poderíamos te orientar, Henrique. Há muitos livros que lhe indicaríamos, bem como as obras básicas da codificação de Kardec. Você é um homem inteligente, e tenho certeza absoluta que teria grandes surpresas, o Espiritismo nos esclarece, compreendemos de onde viemos e para onde vamos, qual é o nosso destino grandioso que Deus nos reservou. Dá-nos a palavra que edifica, esclarece e liberta. Mas, acima de tudo, nos proporciona o conhecimento de nós mesmos, para que possamos nos melhorar cada vez mais através da auto-tranformação.

Henrique ficou admirado com a desenvoltura de Sabrina. Além de bonita, aquela mulher era inteligente. Respondeu com malícia:

— Huuummm, até que seria interessante aprender algo diferente, especialmente se a professora for uma pessoa assim tão simpática.

Cássio sentiu o sangue ferver nas veias. Não tivesse grande controle, sem dúvida daria uns sopapos naquele advogado metido a Dom Juan. Percebeu de imediato que aquele homem estava em estado de perturbação, mas tudo era conseqüência do seu mau caráter. Sentiu pena de Deolinda que, aflita, não sabia o que fazer. Entretanto, Cássio sentiu que deveria dar uma resposta dura a Henrique, já que dificilmente seriam amigos. As vibrações emitidas pelo marido de Deolinda eram pesadas e antagônicas. Olhando com firmeza em seus olhos disse:

— Desculpe-nos, Senhor Henrique – retrucou Cássio em tom formal, educado, firme, com autoridade – quando a pessoa está preparada e receptiva, é nosso dever de irmãos levar a palavra do Evangelho que ilumina e liberta. Entretanto, quando as pessoas não estão interessadas, não devemos perder nosso tempo que é demais precioso. Se um dia estiver realmente interessado, eu pessoalmente terei o maior prazer do mundo em orientá-lo. Por enquanto, vejo que o senhor ainda não está preparado, pois o Espiritismo nos conscientiza a vencermos todas as nossas tendências inferiores, vencer a nós mesmos, penetrando no fundo de nossas consciências e despindo nossas máscaras, vencendo até os pensamentos inconfessáveis que guardamos avaramente no recôndito de nossa alma.

Henrique foi pego de surpresa pela palavra firme do interlocutor, calando-se envergonhado, enquanto Cássio e Sabrina pediram licença e educadamente se retiraram do ambiente. Deolinda desconcertada, olhou para o marido em tom de censura, como nunca o fizera antes.

— Querido, o que está acontecendo contigo? Nunca te vi tão áspero e deselegante com visitas. Alguma coisa está errada?

Realmente Henrique não sabia o que dizer. Ficou preocupado com as palavras de Cássio. Seria possível que ele pudesse ter o dom de saber as coisas erradas que fazia? Não, não era possível. Mas como explicar as palavras que foram direcionadas a ele? Agora teria que achar uma boa desculpa para Deolinda, antes que despertasse nela dúvidas a respeito de sua conduta. Começou a nutrir um sentimento de raiva e de ódio por Cássio. Entretanto, a melhor forma de defesa é o ataque, pensou. Teria que se manifestar ofendido, chateado e zangado.

— Linda, vou te dizer uma coisa. Se você quer ter estas pessoas como amigas, será problema exclusivamente seu. Mas daí vir até minha casa dizer-me o que tenho de fazer ou deixar de fazer, é outra história. Ela até me pareceu simpática, mas este tal por Cássio, ora, sujeito metido a moralista. Com aquela cara de boi sonso deve enganar muita gente, inclusive a esposa. Mas a mim, ele não me engana! Previno-te, se quer tê-los como amigos, volto a repetir, o problema é seu. Não conte comigo. Ah, e por favor, a próxima vez que os trouxer aqui, me avise que sairei antes, ou então ficarei no quarto, que, aliás, era de onde não deveria ter saído.

Dizendo isto, virou as costas retornando ao quarto, batendo a porta com violência. Só então Deolinda percebeu que realmente seu marido era um homem completamente diferente daquele que conhecera, a quem entregara seus sonhos mais sagrados. Com lágrimas nos olhos e o coração arrasado saiu ao corredor encontrando-se com Cássio e Sabrina, que a envolveu em afetuoso abraço, pois via a situação aflita da amiga que necessitava de compreensão e conforto. Soluçando, dirigiu-se aos amigos tentando justificar a atitude do marido:

— Perdoem Henrique, por favor. Não sei o que está acontecendo. Ele nunca foi mal-educado com ninguém. Não entendo porque ele está agindo assim, especialmente com vocês que são criaturas maravilhosas. Perdoem-me. por favor, nem sei o que dizer a respeito de situação tão lamentável.

Sabrina abraçou-a mais forte. Sabia que eles eram os únicos que poderiam ajudar aquela criatura tão bondosa e, ao mesmo tempo, tão desamparada, tão incompreendida pelo marido e esquecida pelo pai. Deolinda realmente precisava de um ombro amigo, algo que a reconfortasse.

— Não fique triste mais do que o necessário, Deolinda. Estávamos conversando, Cássio, e eu a respeito de Henrique. Ele está em processo obsessivo muito violento, e precisa de muita oração. Ah! Minha amiga, nós não precisamos perdoar porque não nos sentimos ofendidos e pode contar conosco. Estaremos sempre ao seu lado. Você terá que ter muita paciência com Henrique, ele sim é digno de nossa piedade.

Assim, reconfortada pelas palavras dos amigos, seguiram em direção ao centro. Mais tarde, depois do Evangelho, iriam até a creche, onde Carolina havia cativado definitivamente o coração de Deolinda. Os momentos que passava junto à garota eram, para ela, um lenitivo para aquela vida tão sem graça que vivia.

Enquanto Henrique se preparava para sair à tarde em mais uma aventura com Elídia, Deolinda pensava em sua vida com muita tristeza no coração. Reconhecia que, se por um lado, estava sentindo-se recompensada por ter encontrado Carol, por outro, o distanciamento entre ela e Henrique estava cada vez maior. Parecia haver um abismo entre eles. Na verdade, pensava, a vida era cheia de encontros e desencontros.

O BURIL

Naquela noite, acompanhado pelo Instrutor Alexandre, visitamos a escola de médiuns do Centro. Quando chegamos ao local, eram 20h30 e os estudos estavam em andamento. Cláudio mais uma vez nos recebeu com alegria, dando-nos boas-vindas e deixando-nos à vontade para os apontamentos de estudos.

A classe estava repleta de alunos encarnados. Surpreendi-me, pois pude observar que a maioria eram jovens. O número de alunos encarnados era em torno de oitenta, mas do lado espiritual, a quantidade era três vezes maior de aprendizes do Evangelho, desencarnados. Notei também que, ao lado de muitos alunos encarnados, existia presença de irmãos desencarnados que não se encontravam especificamente em missão de trabalho, nem em missão de estudos, dada a condição de alienados de alguns. Ao notar minha estranheza, Alexandre esclareceu-me:

— Quando o aluno é encaminhado para a escola de médiuns, Virgílio, é porque já está com a sensibilidade aflorada. Todos já passaram por tratamento e, de um modo geral, encontram-se em estado de equilíbrio adequado. Os processos obsessivos mais perigosos já foram afastados, mas existem aqueles irmãos que se apegam, por um motivo ou outro, aos desencarnados, e embora não representem preocupação em termos obsessivos, necessitam também de esclarecimento, de forma que, sem se darem conta, ao acompanharem os alunos encarnados, passam também a assimilar os conceitos do Evangelho e progredindo juntamente com seu acompanhante, acabando por se tornarem também, ao final da escola, trabalhadores agradecidos, colaborando com seus companheiros encarnados que lhes deram guarida.

Sorri satisfeito com as belíssimas possibilidades de aprendizado que estavam diante de meus olhos. O sentimento que me envolvia era de compreender um quadro muito além do aprendizado do Evangelho, mas, acima de tudo, de amor infinito de Deus. Observava aquele punhado de aprendizes do Evangelho encarnados. Todos entusiasmados pela descoberta da doutrina com alegria incontida no desejo de se renovarem e levar aos quatro cantos do universo a verdade que ilumina e esclarece, típica dos espíritas da primeira hora. Não pude deixar de observar que, sob a visão espiritual, o ambiente se dilatava de forma extraordinária para além dos limites das quatro paredes da sala material, onde os desencarnados ordeiramente se perfilavam, no aproveitamento integral dos ensinamentos ministrados e, por fim, até os acompanhantes aparentemente indesejáveis, embora inconscientes, usufruíam dos benefícios da prece e dos postulados da codificação de Kardec.

Notando minha manifestação de surpresa, Alexandre comentou:

— É verdade, Virgílio, não podemos esquecer as sábias palavras de Lavoisier quando disse: *"Na vida nada se perde, nada se cria, tudo se transforma."* Aqui também vemos que a sabedoria do criador não permite que nenhum filho seu não receba a oportunidade merecida. O Criador oferece a cada um possibilidades renovadas a cada dia, a cada minuto. Entretanto, o aproveitamento das possibilidades depende unicamente de nosso próprio esforço e vontade.

Realmente eu me sentia satisfeito e recompensado pelo aprendizado. Enquanto os professores transmitiam conceitos da doutrina a respeito da reforma íntima, detive-me a observar alguns alunos, especialmente um que me chamou a atenção, pois revelava-se portador de sensibilidade apurada, além do que, possuía grande poder de concentração. Entretanto, pude observar que algo o atormentava, gerando vibrações antagônicas que, se por um lado o preocupava, por outro, comprazia-o, entregando-se a intrigante deleite mental. Ao seu lado, um senhor idoso, que me parecia não ter consciência de seu estado de desencarnado, mas se sentia bem ao lado do rapaz. Porém, o problema era mais grave. Embora fizesse grande esforço em se concentrar nos ensinamentos, recebia fortes apelos e chamamentos mentais de companheiros fora do ambiente onde se encontrava. Enquanto a maioria dos alunos se aplicava no aprendizado, observei que chegou um momento em que se desligou do corpo, indo em demanda a regiões desconhecidas, pendendo a cabeça em aparente estado de sonolência.

Considerando minha estranheza ao fato, Alexandre esclareceu-me:

— Este rapaz chama-se Renato e é portador de belíssima faculdade medianímica, Virgílio. Entretanto, podemos afirmar que sem o esforço da disciplina, da renúncia aos prazeres mundanos inferiores e do buril do auto-aprimoramento contínuo, torna-se extremamente complicada a canalização das energias superiores do espírito. Nosso irmão necessita fazer um grande esforço no sentido da reforma íntima, pois embora esteja consciente de suas imperfeições, terá que se superar para vencer suas tendências íntimas que são prejudiciais ao seu burilamento espiritual. Realmente será um exercício de muita disciplina e vontade férrea vencer estas sensações desequilibradas que ainda encontram-se muito arraigadas nos desejos sexuais que o escravizam. Mantém ligações com espíritos de condições indesejáveis, mas se compraz neste relacionamento o que dificulta sua liberdade, pois atende prazerosamente os apelos recebidos destes irmãos, antegozando as aventuras que, freqüentemente, participam de comum acordo. Mais tarde, vamos acompanhá-lo, para fins de entendimento e aprendizado de suas anotações.

Sorri agradecido pela oportunidade de estudo e aprendizado. Enquanto isto, observei entre os demais alunos, moça de singular beleza. Entretanto, apresentava diapasão vibratório de angústia e tristeza, que gerava um estado de conflito mental que a impedia de receber os benefícios fluídicos do ambiente harmonioso, como acontecia com os demais, pois não conseguia se sintonizar na faixa vibratória necessária. Alexandre sugeriu-me que pudesse auscultar sua casa mental, buscando identificar seus pensamentos para entender o que ocorria com nossa irmã e o que a conduzia a tal estado de desespero e angústia.

Aproximei-me, estendendo a mão direita sobre seu centro de força coronário. Fechei os olhos buscando a concentração necessária para sintonizar suas ondas mentais. Ao atingir seu diapasão vibratório, pude então observar o móvel que levava aquela irmã à condição de aflição tão intensa.

Acompanhando seus pensamentos, registrei em sua mente poderosa presença de um rapaz moreno, alto, forte, cuja fisionomia possuía estranha beleza e tomava completamente seus sentidos. Entretanto, pude observar que seus olhos, ao meu exame mais acurado, não transmitiam coisas boas, dando-me uma sensação de desconforto. Enquanto aquela estranha figura se materializava em sua memória, seus pensamentos se manifestavam em tom de perquirição e revolta, por não entender o que havia acontecido. Digladiava-se em extenuante esgrima mental, questionando, buscando respostas desesperadas:

— Por que, Guilherme? Por que? Por que? – questionava a si mesma, como se estivesse conversando com o rapaz em questão. – Por que tinha que ter acontecido tudo aquilo? Por que me abandonou justamente agora? O que fazer da vida se tudo havia perdido o sentido? Vale a pena viver sem você, amor de minha vida? Vamos, esclareça-me por favor, o que direi a papai? Que você simplesmente encontrou outra e que tudo não passou apenas de uma brincadeira sua? O que faço agora com o fruto de nosso amor? Ah! Nem sei porque te pergunto novamente, pois você mesmo já me disse o que fazer, não é mesmo Guilherme? É simples, devo procurar uma clínica de aborto, e tudo está resolvido. Resolvido? Como pode dizer que tudo está resolvido, não seja cínico. E quanto aos meus sentimentos? Quanto a nós? Tudo se joga na lata do lixo, assim tão facilmente?

Senti-me penalizado diante do drama da moça. Estava de cabeça baixa, com a mão sobre a fronte em atitude de dor e angústia. Seus olhos estavam marejados de lágrimas e, naquela atitude, não registrava os ensinamentos ministrados, e como já havia observado anteriormente, também não usufruía dos benefícios do ambiente impregnado de fluidos e vibrações positivas. Continuando com minhas observações, registrei um apelo emocionado:

— Senhor, me auxilie por favor. Mostre-me um caminho, dá-me um sinal do que devo fazer. Se a vida não faz sentido sem Guilherme, porque continuar vivendo? Se continuar vivendo, devo prosseguir com a gravidez? Por que não abortar e livrar-me de uma vez do problema? Ainda sou tão jovem, por que devo jogar minha vida fora com um filho sem pai? O que vai ser do meu futuro? Ah! Meu Deus, para continuar vivendo preciso de um sinal de que pelo menos Você se importa comigo. Dá-me um sinal que seja, pois sempre acreditei que o Senhor nunca desampara nenhum de seus filhos. Será? Quem sou eu? Para vós, Senhor, sou apenas mais uma criatura insignificante com uma montanha de problemas, fruto de minhas falhas, resultante de minhas próprias imperfeições. Não será isto que me diria para justificar que também se esqueceste de mim? Meu Deus, eu preciso acreditar em alguma coisa para prosseguir, mas como posso fazê-lo, se sempre o questiono e o que ouço é apenas um silêncio aterrador. Chego até duvidar de sua bondade. Será que existes, ou é apenas o fruto da invenção dos homens?

Estava satisfeito com minhas observações. Naquele instante, Irmão Cláudio se aproximou para nos esclarecer com mais detalhes sobre o que ocorria com a infortunada moça.

— Cecília é uma criatura boníssima. Filha de um dos freqüentadores da casa, família dedicada à prática do bem e da caridade em favor do próximo. Seu pai é um homem bem-sucedido nos negócios, e apesar de ocupar importante posição social que os recursos monetários lhe facultam, procura viver o mundo de César com sabedoria, sem se esquecer do mundo de Deus, como nos recomenda o Evangelho. Não apenas contribui monetariamente com as obras assistenciais da casa, mas dedica também seu tempo e seu esforço nos trabalhos assistenciais, quer seja trabalhando nas reuniões mediúnicas e de Evangelho, quer seja visitando favelas e participando de esforços de melhoria junto às comunidades carentes. Neste labor, sua esposa o acompanha e, desde pequenos, procurou levar consigo os filhos para que pudessem aprender, na prática, o valor do bem que se pratica. Cecília acompanha os pais desde pequena e se afeiçoou ao trabalho, mas, no período da adolescência, afastou-se em virtude da exigência dos estudos, período pré-vestibular. Quando retornou, espírito crítico e questionador próprio dos jovens, filiou-se ao grupo de jovens que periodicamente visita a favela, onde conheceu Guilherme, que observava à distância o trabalho do grupo. O que Cecília desconhecia é que o rapaz faz parte de um grupo de traficantes que dominam a favela. O grupo de Polifemo identificou neste relacionamento a possibilidade de provocar um desequilíbrio familiar e, de forma indireta, abrir uma fenda por onde pudessem penetrar no desentendimento e, conseqüentemente, conseguir uma ruptura de Cecília com a família e com a Doutrina. Entretanto, as condições deste acontecimento poderiam ter sido evitadas, pois tudo acontece quando oferecemos campo de atuação, que ocorre como conseqüência de nossa imperfeição, isto é, oferecemos material de combustão para que o fogo se inicie e se alastre. O Dr. Ernesto, criatura com tantas virtudes, devotado à prática do amor, do desprendimento, da caridade, ainda conserva, como resquício de encarnações anteriores, sentimentos de preconceito com a cor negra. Embora tenha feito grande esforço e realmente se melhorado, quando soube que sua querida filha estava flertando com um jovem de favela, cuja cor era escura, desequilibrou-se. Na verdade, este acontecimento passaria incólume e sem maiores conseqüências, mas a atitude do pai inconformado provocou reação contrária em Cecília que, magoada com a reação intempestiva do pai, deu guarida ao relacionamento. Guilherme, apesar de morar em favela, pela condição de sua atividade ilícita, não é pobre. Possui carros e pode freqüentar lugares badalados, tudo que o peso do dinheiro pode pagar. Entretanto, Virgílio, antes de prosseguir na narrativa, gostaria apenas de fazer um pequeno parêntesis para explicar como devemos estar vigilantes e o "modus operandi" das correntes obsessoras. Tudo estava em harmonia no lar de Cecília, inclusive com ela mesma. A falange de Polifemo acompanha à distância os trabalhadores e identificaram a possibilidade de provocar esta celeuma toda quando, atentos, captaram a troca de olhares entre Cecília e Guilherme. Imediatamente insuflaram na mente excitada de Guilherme a possibilidade de conquistar aquela garota, grã-fina, branca, bonita, religiosa e ainda rica. Entretanto, o rapaz resistiu por momentos a idéia, questionando a si mesmo em curioso diálogo que travou, achando que estava conversando consigo mesmo. Ledo engano:

— Ela é muito linda, dizia consigo mesmo. Mas ela correspondeu ao meu olhar. Será? Não, é imaginação minha. Depois é religiosa e rica. O que poderia querer comigo?

Um dos integrantes de Polifemo, denominado Fobos, estava a postos insuflando seu ânimo, cujas respostas encontravam guarida na mente do rapaz, pois a faixa de sintonia assim o permitia:

— Que é isto, rapaz? Você está se menosprezando. O que é isto? Veja, você é jovem, bonito, tem poder e dinheiro. E tem mais, ela está mesmo interessada, daqui a pouco ela irá olhar novamente.

Dito e feito. Depois de alguns instantes, Cecília, como que magnetizada pelo olhar de Guilherme, endereçou-lhe outro olhar. Os olhos azuis da moça se cruzaram com os olhos do rapaz que sentiu um estremecimento.

— Não, não pode ser, dizia em seus pensamentos. É muita areia para meu caminhão.

— Mas é um tonto mesmo – respondia o assecla de Polifemo – não vê que a moça está interessada? Olhe, seria um relacionamento interessante, você um fora da lei, namorando uma moça certinha e da sociedade.

Aquele pensamento atingiu plenamente seu alvo. Guilherme sentiu-se excitado pela idéia. Sim, iria conquistar aquela garota, custasse o que custasse. Pensando assim, aproximou-se do grupo, demonstrando interesse pelo trabalho. Uma coisa era inegável, Guilherme tinha postura e elegância. Quando se aproximou, Cecília sentiu seu corpo arrepiar. O grupo recebeu o interesse do rapaz com satisfação, mesmo porque parecia-lhes, de primeiro momento, que o fato de alguém da favela estar participando daquele movimento, poderia facilitar-lhes o trabalho.

Guilherme acompanhou o grupo pelo resto da tarde, sempre ao lado de Cecília, que demonstrava encantamento pelo rapaz. Isto não passou despercebido por um dos jovens que era apaixonado pela moça. Quando o grupo foi embora, Guilherme despediu-se de todos, manifestando desejo de continuar a participar nas próximas vezes, e a este pretexto, ficou com o telefone de Cecília.

Os jovens foram embora e quando retornou ao seu bando, Guilherme foi gozado por todos:

— Ah! Ah! Ah! - riam gostosamente. Quer dizer que agora o chefinho vai praticar a caridade?

O rapaz ficou furioso e deu um murro violento na mesa e um grito com o bando. Todos ficaram assustados.

— Calem a boca, seus imbecis. Se alguém aqui abrir a boca para me criticar, vai engolir os dentes. E tem mais: daqui pra frente, quero que todos acompanhem este grupo para que tudo possa correr bem com eles no trabalho aqui na favela, entenderam?

Depois mudando o tom da voz, complementou:

— Na verdade, o que eu quero mesmo é conquistar o coração daquela branquinha grã-fina. Vocês viram? Ela é linda e será minha.

O obsessor de Polifemo sorriu satisfeito. Uma parte de seu plano havia sido iniciada com sucesso. Precisava cuidar agora da outra ponta. Buscou os jovens que retornavam ao centro percebendo a dificuldade de aproximação em virtude do elevado teor vibratório do grupo e da presença dos mentores que os acompanhavam. Entretanto, identificou no grupo o jovem apaixonado por Cecília, que destoava dos demais, oferecendo campo de atuação. Security, por ser apaixonado, estava inconformado, pois não lhe passara despercebida a corte que

Guilherme fizera e, pior ainda, constatou que fora correspondido pela sua amada. Pensamentos descontrolados fervilhavam em sua cabeça. O que fazer?

Sua pergunta não ficou sem resposta. Sintonizado na faixa vibratória do jovem, Fobos sussurrou-lhe aos ouvidos:

— Você é um idiota. Não acaba com esta festa se não quiser, mas se estiver disposto...

Jociano registrou o pensamento, como se fosse produto de suas elucubrações mentais, e que o pensamento era seu próprio.

— Mas, o que tenho que fazer para resolver de vez o problema? Cecília não pode se apaixonar por um sujeito como aquele. Aquele cara tem alguma coisa errada, senti isto.

— Simples – sussurrou o obsessor. – Procure o Dr. Ernesto e fale a ele o que está acontecendo.

— Não, isto seria fofoca. Eu não gosto de fofocas e não seria justo com Cecília. Acho melhor deixar as coisas como estão.

— Mas você é um idiota mesmo. Deixar as coisas como estão? Você não gosta dela? Vai deixar de mão beijada para aquele favelado? Ainda por cima, escuro?

— É verdade. O Dr. Ernesto não vai gostar nem um pouquinho. Mas realmente poderia dar certo se ele fosse preconceituoso, mas ele não é.

— Engano seu, aquilo que ele demonstra é apenas verniz. Na verdade, ele tem amigos negros, convive e respeita as pessoas de cor, mas a gente só vai poder saber se realmente a pessoa é preconceituosa ou não, quando uma filha ou um filho aparecer com uma pessoa de cor como namorado ou namorada. Mas vou lhe dizer, rapaz, não seja mole, não. Você terá que ser firme em sua decisão. Desta sua atitude depende o fato de Cecília estar nos braços ou não daquele desclassificado. Você irá fazer um bem àquela família. Eles lhe ficarão agradecidos, e terá sua chance de conquistar a garota.

O argumento foi forte e definitivo. Jociano capitulou.

— É verdade. Farei isto hoje mesmo.

Foi o que aconteceu. Quando Dr. Ernesto tomou ciência do acontecido, ficou transtornado, oferecendo mesmo que momentaneamente oportunidade de atuação de irmãos desequilibrados e ainda voltados ao mal. Por isto devemos sempre estar vigilantes e em oração como nos recomendou Jesus, pois num momento de desequilíbrio e raiva, toldamos nosso raciocínio lógico e agimos por instinto e ira, provocando acontecimentos que poderemos nos arrepender pelo resto da vida, pois o mal, após praticado, exige reparação dolorosa e muitas vezes, nem sempre é possível na mesma existência. Quantas vezes nos preparamos durante anos para sermos submetidos a determinadas provas, e, num minuto de ira e explosão, colocamos tudo a perder?

Cego pela ira do momento, insuflado por irmãos infelizes, a reação do Dr. Ernesto foi terrível. Chamou a filha e, aos brados, brigou com ela. Cecília, rebelde, para afrontar o pai, disse que poderia namorar quem ela achasse que deveria, dando a entender que realmente estava de namoro com um negro. Ernesto não mais raciocinou, desferindo violento tapa no rosto da filha, onde ficou estampada a marca de seus dedos.

— Eu lhe proíbo que tenha um namoro com este rapaz. Entendeu bem? Está proibida.

Cecília, aos prantos, fechou-se em seu quarto. Estava magoada com a atitude do pai, que nunca fora de atitudes violentas, muito pelo contrário, sempre fora carinhoso e compreensivo.

Ernesto também estava surpreso consigo mesmo. Como fora capaz de uma atitude tão violenta? Sempre fora inimigo de atitudes radicais, como bater nos filhos, consciente que a melhor alternativa sempre fora o diálogo e o entendimento. O que havia acontecido? Com o coração em frangalhos, chorou copiosamente no ombro da esposa. Todos estavam surpresos com a reação de Ernesto, inclusive Jociano que, quando viu o circo pegar fogo, escafedeu-se do local.

Dona Marieta, a mãe de Cecília não sabia se acalmava o marido ou se consolava a filha. Após alguns momentos em que Ernesto parecia ter se acalmado, ela lhe disse:

— Querido, compreendo sua reação, mas não deveria ter batido em nossa filha. Você sempre foi contra, como pôde ter feito isto?

— Querida, não me pergunte, pois nem eu mesmo sei como fui capaz. Entretanto, eu me pergunto: criamos nossos filhos com amor e carinho, damos educação, estudo e os assistimos em cada passo para que tenham uma formação escolar e religiosa adequada. Que estejam preparados para os enganos do mundo e nos surpreendemos. Não conhecemos nossos próprios filhos. Onde foi que erramos?

Com carinho e equilíbrio, dona Marieta respondeu com acerto:

— Não erramos em lugar algum, querido. Fizemos o que tinha que ser feito. Demos tudo para nossos filhos mas não podemos caminhar pelos seus passos. Eles irão pelo mundo e irão errar e aprender. A diferença é que, nas horas difíceis, prevalecerá a estrutura que receberam da família e então decidirão qual a melhor decisão a tomar. Tenha certeza de que sempre fomos pais zelosos e que tudo isto haverá de influir na vida deles. Não se esqueça que eles são espíritos que recebemos por misericórdia de Deus para dar-lhes o exemplo e a educação, mas não podemos tolher o livre-arbítrio, pois seguirão seus próprios caminhos e nós estaremos sempre por perto, não para endossar seus erros, mas para orientá-los e ajudá-los quando precisarem, sempre com o respeito que merecem.

— Você tem razão, querida. Toda razão. Mas, para mim, é difícil compreender que nossa filha possa estar namorando uma pessoa de favela, e ainda por cima, de cor.

— Vamos, querido, fale com sua filha. Reconcilie-se com ela. Peça-lhe perdão por tê-la agredido.

— Não, querida, preciso de mais tempo. Ainda preciso me preparar para conversar com Cecília. Vá você até ela e a aconselhe por favor.

Dona Marieta conversou demoradamente com a filha, que, infelizmente, sob influência dos nossos irmãos menos esclarecidos, apresentava o coração ressentido e profundamente magoada. Tinha um objetivo em mente: faria de conta que estava arrependida, mas, às escondidas, iria namorar Guilherme. Primeiro porque realmente havia gostado do rapaz e, segundo, para vingar-se do pai. Iria ter que engolir um genro negro, pensava em sua ingenuidade, como se o rapaz fosse leal em seus sentimentos.

Este processo foi acompanhado pelos seguidores de Polifemo que, satisfeito, passou a dar atenção especial ao caso. O objetivo seria desequilibrar a família toda, provocando uma tragédia de proporções. Entretanto, os pais de Cecília tinham o hábito da prática do Evangelho no Lar. Conscientes que o clima se tornara opressivo, Dona Marieta convidou o marido para fazerem uma oração. Infelizmente, em virtude da baixa condição vibratória em que se encontrava, Cecília não aceitou sentar-se ao lado do pai para o Evangelho, oferecendo farto campo de atuação a Fobos, o obsessor.

Embora Ernesto sentisse melhora em sua condição vibratória, aquela noite não conseguiu conciliar o sono, pois no fundo, pressentia que aquilo não acabaria bem, e sua consciência o atormentava. – Meu Deus – pensava – como em uma fração de segundos nos desequilibramos e provocamos um mal às vezes irremediável. Daria tudo para retornar, apagar aquele episódio como se nada tivesse acontecido. Todavia, sentia que era como se fosse um tiro já disparado: não haveria mais como deter o projétil, que, afinal, acabaria por atingir algum alvo. Orou em silêncio pedindo ao Senhor que amparasse sua família e particularmente Cecília.

Ernesto tinha toda razão. Os dias se passaram, as semanas e alguns meses. Cecília, alimentando sentimentos de mágoa com o pai, sob o domínio de Fobos, passou a namorar Guilherme às escondidas. Claro que seus companheiros do grupo de jovens sabiam, mas, pelo acontecimento, nada mais comentaram, com o Sr. Ernesto. Jociano sentia-se morrer, mas agüentou firme. Não queria mais provocar desentendimentos, e depois, Cecília soube que fora ele o pivô da discórdia, e não mais lhe dava atenção.

Os jovens enamorados saiam às escondidas durante o dia, o rapaz tinha todo tempo do mundo, afinal, era um desocupado. A moça, cada vez mais apaixonada, foi presa fácil para as intenções inconfessáveis de Guilherme, que até gostava de Cecília, mas divertia-se com sua ingenuidade e fantasiava em sua imaginação desequilibrada, como um celerado se aproveitando de uma criatura pura. Após o sexto mês de namoro, Cecília percebeu que seu ciclo menstrual não se manifestava. Preocupada, procurou fazer o teste e comprovou a gravidez indesejada.

No início, ficou assustada, mas, sonhadora, imaginou que Guilherme iria ficar feliz quando soubesse que ela esperava um filho seu. Ah! Esta seria sua vingança contra o pai: não teria alternativa a não ser aceitar seu casamento com um homem pobre e negro.

Marcou um encontro no motel onde costumeiramente iam e, quando contou a novidade ao namorado, ficou estarrecida, pois não contava com aquela reação extremamente cruel e grosseira de Guilherme:

— Menina, enlouqueceu? Você é mesmo uma débil mental. Por que não tomou pílula? Como você, uma moça de sociedade, inteligente e culta, não se preveniu?

Cecília estava pasma, incapaz de raciocinar com lógica diante da reação intempestiva do namorado.

— Guilherme, como pode falar assim comigo? Nós nos amamos. É simples, vamos assumir esta criança e nos casamos...

— Pirou de vez? - respondeu, fazendo um gesto com o indicador sobre a cabeça. - Por que acha que eu iria me casar com você? Se enxerga menina, você é da alta sociedade. Vê se me esquece. Eu não sirvo para você, e aliás, se você ainda não havia percebido, é bom que saiba agora: apenas estava me divertindo um pouco.

— Mas você sempre dizia que me amava...

— E você acreditou? Acredita também em Papai Noel? Ah! Ah! Ah! Esta é boa. Você achou que eu te amava.

Enquanto Cecília se desmanchava em lágrimas, o rapaz, de repente, ficou sério, olhando fundo em seus olhos:

— Olha aqui, menina. Esqueça que um dia existi. O melhor a fazer é procurar uma clínica e tirar esta criança. Vai, faça isto, é o melhor para você. Esqueça-me, pois ainda está para nascer uma mulher que irá amarrar meu coração.

Dizendo isto, saiu do quarto batendo a porta com violência, enquanto Cecília, inconsolável, demorava a concluir que fôra um simples brinquedo na mão de Guilherme. Como estava arrependida. Como iria comunicar este acontecimento aos pais? Teria que pensar. Tinha vontade de suicídio, talvez fosse a melhor alternativa para fugir da vergonha.

Fobos acompanhava o drama, divertindo-se com o desenrolar dos acontecimentos. Se tudo pudesse correr bem, ficaria bem com o chefe e, com certeza, Polifemo haveria de lhe oferecer alguma promoção, ocupando lugar de destaque junto ao chefe.

Os dias foram passando e Cecília em seu tormento íntimo não sabia a quem recorrer. Estava fazendo a escola de médiuns, conhecia os princípios básicos da doutrina e sabia que o aborto não seria a melhor alternativa. Seu estado de desespero baixou perigosamente seu diapasão vibratório e Fobos aproveitou para envolvê-la em perigosa onda mental obsessiva, insuflando-lhe pensamentos de morte, suicídio. A idéia de dar cabo à própria vida começou a tomar forma perigosamente em sua mente. Entretanto, sabia que aquela era uma atitude condenável e tinha consciência que a morte pelo suicídio não soluciona problema nenhum, muito pelo contrário, apenas agrava, mas, aos poucos, foi cedendo às sugestões insidiosas do obsessor. Sentia-se a última das criaturas. Havia brigado com o pai, afrontado sua mãe e agora sentia-se terrivelmente culpada, pois reconhecia que seus pais tinham razão. Não, não poderia fazer com que seu pai sofresse tanta vergonha por ela. O que fazer? Sentia-se sucumbir diante de tamanha responsabilidade e sofria por antecipação o vexame a que seria submetida pelos colegas de escola e vizinhos. Como poderia viver após ter sido enganada e humilhada por Guilherme? Não tinha alternativa, a morte poderia não ser a solução, mas era pelo menos uma fuga. Assim pensando, tomou perigosa decisão: deixaria um bilhete para os pais e poria termo à vida. Jogar-se-ia de algum viaduto. Se tivesse sorte, a morte seria instantânea.

Se o ser humano pudesse compreender a grandeza e a infinita bondade do Criador jamais duvidaria e se entregaria ao desespero, pois o Pai amoroso não desampara nenhuma criatura quando ela O busca em suas horas amargas. Se os espíritos desequilibrados atuam mais livremente em nossas mentes, muitas vezes confundindo nossos pensamentos, é resultado de nosso próprio desequilíbrio, pois oferecemos campo para atuação deixando as portas de nossa mente abertas para as sugestões infelizes. Mas, basta um segundo que seja, um momento de reflexão em que pedimos auxílio ao Senhor, para abrirmos as portas para as sugestões felizes dos bons espíritos, nossos zelosos irmãos que seguem nossos passos com preocupação e carinho, torcendo para que possamos seguir o bom caminho, respeitando sempre o nosso livre-arbítrio no direito que temos de decidir pelo acerto ou pelo erro. Basta um pensamento sincero, uma palavra que seja, para que nossa mente possa se colocar em condições de recebermos as influências e as boas sugestões de nossos protetores.

Foi o que aconteceu com Cecília. Esmagada pelo sentimento de culpa, pelo remorso, pela humilhação, era presa fácil dos nossos irmãos menos felizes. Entretanto, no silêncio de seu quarto, no auge do desespero e em lágrimas, lembrou-se que apenas uma pessoa poderia compreendê-la em seu sofrimento: era a vovozinha que ela tanto amara e que havia desencarnado quando ela ainda era criança. Enquanto seu pensamento voltava-se para a carinhosa figura da vovó Iolanda, recordou que aprendera a orar com ela e o encantamento que sentia quando, terminada a oração, a avó acariciava seus cabelos. Chorou de emoção, evocando momentos de encanto com a recordação de alguém que ela guardava nos recônditos da alma de forma tão sagrada. Bastou aquele minuto de evocação para que sua mente se colocasse em sintonia para receber o socorro imediato. A avó, que a acompanhava juntamente com outros irmãos de nossa esfera, envolveram-na em fluidos balsamizantes de confiança e equilíbrio. Cecília sentiu de imediato expressivo alívio na pressão e no desespero que a atormentava. Enxugou as lágrimas e ela, que nem mais tinha vontade de voltar à escola de médiuns, tomou uma decisão: necessitava de fortalecimento, de uma palavra que fosse, para que realmente encontrasse a fortaleza necessária para vencer a angústia que a devorava.

— Dessa forma, meus amigos, concluiu Cláudio, Cecília veio para a reunião de estudos da Escola de Médiuns e, como pudemos observar, ainda está em estado de desequilíbrio, necessitando de nosso carinho e atenção, mas, como sabemos, da mesma forma que para sermos obsediados temos que oferecer campo propício, para recebermos auxílio temos que oferecer também condições vibratórias adequadas e receptivas. Teremos uma agradável surpresa para nossa protegida no encerramento.

Dizendo isto, Cláudio convidou-nos para acompanhar a prece de encerramento dos trabalhos, o que fizemos de bom grado. Enquanto o jovem encarregado da prece elevava seu padrão vibratório em graciosas formas coloridas de pensamento, era envolvido pelo amigo de nossa esfera que o acompanhava, proferindo sentida prece. Antes do encerramento, abriu espaço para a mensagem do mentor da noite.

Observei que um dos instrutores encarnados, responsável pela sala de aula, foi envolvido por venerável matrona, transmitindo por psicofonia a mensagem da noite:

— Boa noite, meus queridos irmãos! Que a paz de Jesus esteja no coração de todos! Sim, eu digo a paz do querido Mestre, pois um dia Ele nos disse: minha paz eu vos deixo, minha paz eu vos dou. Quem tem Cristo no coração, vence os momentos mais difíceis da vida, sejam eles quais forem. Entretanto, hoje peço licença a todos pois gostaria de me dirigir a uma pessoa em especial: uma criatura muito querida de meu coração. Não irei declinar o nome, mas ela saberá que é a ela que me dirijo.

— Questionas, alma querida, o tamanho da provação que está passando, não é verdade? Preocupa-se diante da humilhação que estarás por sofrer. Envergonha-se por antecipação do vexame que te espera e a preocupação com o que dirão seus amigos, colegas e vizinhos. Culpa-se diante da dor que causastes aos seres que mais amas. Nesta noite, apenas queria dizer-te, alma querida, que Jesus, o Divino Amigo, também passou por humilhações, por vexames e por sofrimentos sem nome. Ele não tinha culpa e foi desnudado diante dos soldados e dos zombadores, foi açoitado, colocaram-lhe a coroa de espinhos. Não satisfeitos com tudo isto, obrigaram-no a carregar a ignominiosa cruz e, mesmo sem forças, ele a abraçou e seguiu seu caminho por entre a multidão que há pouco tempo o havia recebido triunfalmente e depois escolheram Barrabás para ser libertado. Ele não reclamou, não lamentou, não se desesperou nem se revoltou contra o Pai. Por fim, o pregaram na cruz como um malfeitor qualquer e, mesmo assim, perdoou Judas que o havia traído. Compreendeu a fraqueza dos discípulos queridos, companheiros do caminho que nos derradeiros momentos haviam-No abandonado por medo?

— Alma querida, você me é muito cara e os laços que nos prendem são santificados pelos sentimentos mais belos do espírito. Não temas, tenha coragem, pois não estás sozinha. Sabemos sua angústia e seu drama, mas recorde-se de Jesus e se fortaleça nele, pois terás que dar seu testemunho! Não pense que fugir da vida é a solução para seus problemas. Sofres por antecipação, mas verás que se realmente tiver coragem de assumir o próprio erro com dignidade e procurar aprender na própria queda para crescer em espírito, verás que encontrarás no seio dos seus entes queridos, o apoio em vez da condenação e compreensão em vez de críticas destrutivas. Confia em Deus e no Divino Mestre, que nunca condenou quem quer que fosse, dizendo que viera para curar os doentes. Ainda somos todos doentes diante da bondade infinita do Cristo e, por esta razão, busquemos o sagrado refúgio no seio de Jesus! Um beijo e muito carinho, alma querida.

Enquanto a reunião era encerrada, observei Cecília que, em lágrimas de emoção, apresentava novo campo vibratório mais elevado e sutil. Havia recebido a prova incontestável que necessitava para seu fortalecimento e decisão. O médium não sabia de seu problema, nem do que ia em seu íntimo. Embora sua avó não houvesse se identificado, ela a reconheceria entre a multidão e, com o coração sensibilizado, agradecia em preces a bênção que acabara de receber. Sim, pensava, teria que ser forte para superar seus problemas que reconhecia compungida, ela mesma havia plantado, então era justo que colhesse os frutos de sua sementeira invigilante, mas agora encontrava-se fortalecida. Não mais se sentia sozinha em sua luta: Deus estava com ela, Jesus a fortalecia e vovó Iolanda também. Lembrou-se de seu pai: iria pedir-lhe que a perdoasse e tinha certeza, seu genitor a perdoaria, pois conhecia o tamanho do coração que pulsava em seu peito. Sentia-se mais leve, como se um peso descomunal tivesse sido desalojado de suas costas. Retirou-se da sala acompanhada pela figura graciosa de sua avozinha querida, que a envolvia em suave abraço entre eflúvios de carinho e paz.

Alexandre observou satisfeito que, naquela noite, os ensinamentos haviam sido muito proveitosos e eu aproveitei para agradecer aos amigos pela oportunidade de aprendizado. E quanto a Renato, o aluno que eu havia observado anteriormente? O Instrutor respondeu-me solícito:

— Na próxima noite, estaremos acompanhando nosso irmão, para efeito de estudos, Virgílio. Veremos que o candidato a discípulo não necessita de ser portador da perfeição, mas tem que fazer enorme esforço em se melhorar, tal qual a pedra que se entrega aos golpes do buril, para revelar a forma perfeita e refulgente que se esconde na pedra bruta do espírito.

Agradecemos o concurso de Cláudio e dos demais irmãos daquele Núcleo de Oração, retornando para nossa colônia. Alexandre havia-me convidado para ouvir belíssimo espetáculo de Música e Coral no Grande Salão do prédio do Ensinamento para Todos os Planos.

UMA ARMADILHA PERIGOSA

Eram 22 horas da noite seguinte, quando o Instrutor Alexandre e eu aportamos no pequeno apartamento de Renato, na região central de São Paulo. O rapaz parecia-me que estava pronto para sair.

Observei o ambiente bastante conturbado com a presença de dois obsessores pertencentes ao grupo de Polifemo, bem como a presença de seu genitor, que me parecia contrariado com o fato do filho estar se preparando para sair e não lhe ter dado atenção. Se, no dia anterior, no ambiente da Escola de Médiuns, seu diapasão vibratório era mais harmônico, verifiquei, naquele momento, que sua aura se expandia de forma mais saliente do alto do coronário, em coloração de tonalidade vermelha, formando desenhos concupiscentes que se expandiam em formas pensamento. Notando minha admiração com o fenômeno, o Instrutor esclareceu-me:

— Renato é portador de alta sensibilidade mediúnica. Ocorre que, como qualquer médium que é portador desta sensibilidade e não tem equilíbrio, nem Evangelho, nem disciplina, sofre graves conseqüências, pois a mediunidade descontrolada abre as portas para o mundo invisível e, desta forma, se o médium encontra-se preso a vícios e prazeres mundanos, seu padrão vibratório o coloca em contato com espíritos perturbados. Sofre alucinações, não tem sono tranqüilo e sofre pesadelos de toda sorte. Acorda no dia seguinte mais cansado do que quando deitou, qual se tivesse levado formidável surra. Por este motivo, é necessária a presença do equilíbrio, do Evangelho, da reforma íntima, do esforço constante em se melhorar. O sagrado mandato da mediunidade é o exercício constante do autoaprimoramento, pois, desta forma, o médium eleva seu padrão vibratório e sua mente se sintoniza com os planos mais elevados da espiritualidade. Por esta razão insistimos: mediunidade é fácil, mas mediunidade com amor no coração e no trabalho fraterno com Jesus, é a diferença fundamental entre o candidato a discípulo do Cristo e o médium perturbado, que se serve de instrumento para espíritos perturbadores e desequilibrados.

Alexandre fez pequena pausa para que eu pudesse acompanhar seu raciocínio. Em seguida, continuou:

— Renato reencarnou com a responsabilidade da mediunidade de tarefa. No período que antecede o reencarne, quando da escolha e preparação de sua missão na terra, o espírito está imbuído das melhores intenções e não podemos duvidar que todos nós somos realmente sinceros em nossos propósitos. O ambiente equilibrado onde nos situamos, as vibrações harmônicas da espiritualidade, o concurso e o apoio de nossos amigos nos fortalece. Entretanto, quando estamos na matéria, tudo se torna mais difícil se a vontade ainda é fraca, pois o dia-a-dia nos leva a todos os tipos de testemunhos, de provações, de tentações em que as vibrações são heterogêneas, e quantas vezes fraquejamos. O médium de tarefa traz consigo uma sensibilidade mais apurada e, quando atinge a condição da maturidade, afloram as manifestações como um chamamento, um alerta para o espírito e sua responsabilidade com o trabalho. A maioria de nós, entretanto, resiste aos convites e acabamos por sofrer desnecessariamente, as perturbações que ocorrem em conseqüência de nossa resistência desaparecem tão logo tenhamos disciplinado estas energias, através do estudo do Evangelho, do trabalho em favor dos mais necessitados, do exercício da caridade. Cessada a causa, cessam as conseqüências. Entretanto, os chamamentos iniciais para os médiuns de tarefa são sutis, mas, se ele insiste em fugir da responsabilidade, o estado de perturbação torna-se mais grave e, muitas vezes, até em estados patológicos que se somatizam, obrigando o médium a buscar recursos dos mais diversos. Após baldados todos os esforços sem solução, acaba por aportar na casa espírita, onde então passa por tratamento de equilíbrio e é encaminhado para a Escola de Médiuns. Por isto é que se costuma dizer que quem não caminha pelo amor, caminha pela dor.

Enquanto eu efetuava meus apontamentos, atento aos elevados conceitos que o Instrutor Alexandre me transmitia, observei que o rapaz saía para a rua acompanhado pela presença indesejável de nossos irmãos menos felizes, que faziam grande algazarra por terem logrado êxito na investida, enquanto seu genitor permaneceu no ambiente doméstico contrariado, porque seu filho não lhe obedecera quando pediu-lhe para não sair àquela hora. Enquanto acompanhávamos Renato pelas ruas do centro velho da capital paulista, o Instrutor, notando minha preocupação a respeito do pai de Renato, esclareceu-me que, em breve, ele estaria sendo orientado pela equipe espiritual da Escola de Médiuns e encaminhado para nossa colônia. A respeito da responsabilidade mediúnica de Renato, prosseguiu:

— Na condição de médium de tarefa, Renato teve sua percepção e sensibilidade afloradas, quando se manifestou por um aparente estado de perturbação, pesadelos, sensações de medo inexplicável desde os dezoito anos. Entretanto, como tantos outros, resistiu aos apelos de seu protetor, que, através da inspiração, procurou fazer com que despertasse para suas responsabilidades, mas o rapaz resistiu. Chegou a um ponto que seu protetor afastou-se temporariamente, para que o médium não mais contasse com uma proteção que não contribuía para sua melhoria. Nestes casos, os protetores afastam-se sem perder de vista seus protegidos, aguardando que, após algumas quedas, posicionem-se em condições favoráveis para serem auxiliados. Neste período, Renato sofreu grande assédio de irmãos infelizes, que se aproximaram por afinidade e sintonia, já que o rapaz é muito ligado ao lago da promiscuidade sexual, o que escancarou as portas da perturbação. Quando, no auge do desespero, percebeu que estava perdendo o controle de seus atos, um amigo de trabalho, inspirado pelo seu protetor, aconselhou-o a procurar o Núcleo Espírita que ele freqüentava. Foi o que aconteceu. Após curto espaço de tempo em que passou por um tratamento de desobsessão, apresentou sensível melhora, sendo imediatamente encaminhado para a Escola de Médiuns que iniciava nova turma. O rapaz tem feito grande esforço em se melhorar, e não podemos negar que tem efetuado algum progresso, mas ainda continua muito ligado aos prazeres do sexo sem responsabilidade, o que lhe dificulta a manutenção de um melhor diapasão vibratório, oferecendo campo de atuação aos nossos irmãos que o acompanham. Entretanto, o fato do grande esforço que tem feito para vencer suas dificuldades íntimas, deixa-nos a expectativa de que, com nosso auxílio e de seu protetor, poderá se transformar em importante trabalhador da Seara do Mestre, apesar de suas imperfeições.

Enquanto o Instrutor fez uma pausa, recordei o ensinamento de Kardec que dizia que se reconhecia o bom espírita naquele que é conhecedor de suas próprias imperfeições, mas que faz grande esforço em se melhorar. Renato chegava, naquele instante, em uma casa de espetáculos de *streap-tease*, cujas imediações apresentavam pesado teor vibratório, com presença de espíritos em estado lamentável de desequilíbrio. O rapaz sentiu o impacto negativo da vibração e todo seu corpo tremeu com um arrepio, mas o apelo sexual era mais forte e ele adentrou ao recinto.

Alexandre e eu nos postamos do lado de fora. O Instrutor disse-me que não havia necessidade de nossa presença. Já eram quase 23 horas. Naquela noite, haveria uma palestra no Auditório Central de nossa colônia e para lá nos dirigimos. Após o término da palestra, retornaríamos para concluir os estudos, acompanhando o final da noite de Renato, quando deveria entregar-se ao sono reparador para a luta do dia seguinte.

Eram altas horas quando retornamos ao pequeno apartamento, encontrando Renato já se preparando para dormir. Notei que estava fisicamente esgotado e as companhias espirituais haviam aumentado: além dos dois irmãos anteriormente identificados, agora também estavam duas moças que se apresentavam com vestimentas sensuais e seminuas. O barulho era grande, enquanto a turba rodopiava em estridente alarido ao redor do rapaz que, inconscientemente, registrava aquelas presenças e se comprazia, sua mente estava em completa sintonia de prazer desregrado, plasmando formas de pensamento assustadoras.

Quando se deitou, no momento em que colocou a cabeça no travesseiro, notei que Renato recordou sua responsabilidade mediúnica e fez menção de orar antes de adormecer. Seus acompanhantes espirituais imediatamente perceberam o que o rapaz pretendia e, de imediato, as moças envolveram-no em fortíssimos apelos sexuais, que venceram a débil reação de Renato, e o rapaz entregou-se ao irresistível envolvimento de Morfeu, adormecendo pesadamente. Observei ainda que, ao atingir o estágio de sono mais profundo, Renato se debatia perturbado, como que evitando desprender-se do corpo físico, mas, envolvido pelo grupo que o assediava, em pouco tempo apresentava-se em espírito no nosso plano. O rapaz estava completamente atordoado e não tinha muita consciência do que ocorria, mas tão logo percebeu a presença dos companheiros, deixou-se levar docilmente.

A um gesto de Alexandre, acompanhamos a pequena comitiva que se deslocou para um local próximo, onde havia um bar ainda aberto próximo de uma casa noturna, e a algazarra entre encarnados e desencarnados ainda continuava animada. O grupo ficou por algum tempo no bar, enquanto as companheiras faziam carícias libidinosas em Renato, que se comprazia. O Instrutor informou-me que aquele era o local preferido para atuação do grupo de Polifemo, que se servia de desencarnados inconscientes, bem como de encarnados invigilantes.

O intercâmbio entre o plano espiritual e os freqüentadores encarnados era aterrador, naquele ambiente observava cenas dignas das melhores películas que retratam vampirização de energias, com os encarnados que se posicionavam como médiuns potenciais, apenas a serviço das forças desequilibradas. Eu necessitava de alguns esclarecimentos adicionais.

Desnecessário seria repetir as implicações do médium que não esteja vigilante, mas questionava mentalmente qual seria a responsabilidade das pessoas encarnadas que, em sono, são levadas para locais de promiscuidades situados muitas vezes na própria esfera material como aquele em que estávamos, ou nos demais locais do próprio plano espiritual mais denso. Alexandre imediatamente esclareceu-me:

— Quando recomendamos que o candidato ao sagrado mandato priorize a sua reforma íntima e procure despir-se de suas mazelas, não estamos querendo, e nem é nosso escopo, aspirar que as criaturas se transformem em espíritos puros e perfeitos de um momento para outro, mesmo porque ainda estamos longe da angelitude. Temos que ter, acima de tudo, consciência de nossos erros e imperfeições, e ficarmos atentos para não incidirmos excessivamente nas mesmas falhas. Entretanto, sabemos que já erramos muito e vamos errar outro tanto. Mas, temos que ter o raciocínio lógico das implicações, pois, através do Espiritismo, vamos compreender de forma racional o porquê dos fatos e suas conseqüências. Vejamos, os tempos modernos têm-nos brindado com formidáveis avanços filosóficos em termos de libertação das amarras do puritanismo da sociedade em que as mulheres, particularmente, efetuaram memoráveis conquistas nos direitos da igualdade, justos e sagrados. O homem moderno compreendeu que era uma atitude de inteligência ter ao seu lado uma mulher de valor para que pudesse tornar-se um vencedor. O homem conscientizou-se que jamais teria sucesso se não tivesse ao seu lado a cooperação valiosa e inestimável da mulher. Não obstante, juntamente com a evolução que, sem dúvida, foi extremamente positiva, houve também um afrouxamento da moral, de ambas as partes. Alguém poderá dizer que as casas de prostituição remontam a eras remotas e as casas de espetáculo que exploram a fragilidade dos encantos femininos sempre existiram, mas o que observamos, agora, deixa-nos muito preocupados. Multiplicaram-se as casas de espetáculo como a que observamos para onde Renato se dirigiu, local que explora o teatro de sexo explícito no meio do público, os filmes pornográficos que proliferam por todos os lados, que arrastam mentes invigilantes e fracas para condições extremamente perigosas de teor vibratório muito preocupante.

Enquanto anotava as observações de Alexandre, não podia deixar de ver que o ambiente da casa noturna se exteriorizava, unindo-se ao bar do lado de fora e à rua adjacente, onde pululavam espíritos em angustiante frenesi, exibindo horrorosas carantonhas a traduzir o desequilíbrio mental de cada um. O campo vibratório dos encarnados confundia-se com o dos desencarnados, enquanto a bebida rolava solta. Observei que, em um canto, Renato, completamente alheio ao que acontecia ao seu redor, entregava-se ao prazer com suas companheiras em perigoso estado de excitação. O Instrutor continuou sua explanação:

— Muitos desavisados poderão nos entender como falsos moralistas, mas estas pessoas desconhecem as armadilhas perigosas que a mente desequilibrada engendra, envolvida nos desejos do sexo desregrado e promíscuo, e comumente levando a quedas formidáveis, carreando os responsáveis a derrocadas terríveis que demandam longo tempo para recompor o próprio patrimônio desvirtuado. Poderíamos perguntar: que mal há naquele que deseja assistir a um espetáculo em que se apresentam atores praticando sexo? A liberdade de expressão, de ir e vir não é uma conquista da sociedade livre? Qual o crime praticado pelo homem de bem que, às escondidas, procura assistir à película pornográfica? Não estão fazendo mal a ninguém, poderiam argumentar. Nós respondemos que, antes de mais nada, este pensamento é um ledo engano, pois aqueles que buscam este tipo de diversão, estão contribuindo para a proliferação e a manutenção destes espetáculos, que em nada contribuem para a cultura nem à elevação do espírito, ao contrário, apenas levam à escravidão e à ignorância espiritual. Em segundo, podemos afiançar com toda segurança que, antes de mais nada, está fazendo mal a si próprio, pois ao assistir este tipo de espetáculo, entra em um diapasão vibratório perigoso de difícil retorno, além de adentrar em complicada teia de pensamentos desequilibrados, mórbidos e doentios a respeito da sexualidade, que acabam em dolorosas situações obsessivas, e, na melhor das hipóteses, irão requerer extensos trabalhos de desobsessão para se livrarem das companhias indesejáveis que conquistaram locais desta ordem, a exemplo das que estamos observando neste momento.

Compreendi o alcance da elucidação do Instrutor, pois observava que os freqüentadores da bodega, ao se retirarem, levavam consigo um cortejo de irmãos desequilibrados à semelhança de um enxame de moscas ao redor de algo podre e mal cheiroso. Na verdade, o que eu podia observar é que, quando entramos nesta freqüência vibratória, seja pelo nosso pensamento em busca de prazeres inconfessáveis, que muitas vezes não temos coragem de fazê-lo em sã consciência, seja por freqüentar lugares como aqueles, oferecemos voluntariamente ampla sintonia para atuação de nossos irmãos interessados em nossas quedas e desequilíbrios. Por esta razão, devemos ter cuidado e vigilância com nossos pensamentos, pois, inadvertidamente, poderemos estar efetuando ligações complicadas e perigosas. Um sinal de alerta é quando nossos pensamentos entram em devaneios, manifestando desejos que, em sã consciência, não poderíamos manifestar, e ainda quando sentimos prazer ao dar guarida a estes pensamentos. Poderemos já estar em fase de envolvimento com irmãos desequilibrados e o melhor que temos a fazer é refutar imediatamente, afastar os pensamentos e quebrar a sintonia mudando nosso padrão vibratório. Alexandre continuou seus comentários elucidativos:

— Existem muitas criaturas que, durante o desprendimento do corpo físico pela ação do sono, vêem-se livres das amarras das convenções da sociedade, libertam-se do verniz que são obrigadas a apresentar enquanto no corpo físico, quando se encontram libertas do corpo denso, procuram do lado de cá as formas de diversão que lhe são peculiares que não teriam coragem de fazer em estado de vigília. Isto revela o que vai no íntimo de cada um, pois a aparência, muitas vezes, esconde pensamentos escabrosos e inconfessáveis. Por esta razão, durante o sono encontramos as companhias a que estamos ligados e as tarefas que sinceramente desejamos realizar são as que realmente encontramos. Dessa forma, o homem de paz, equilibrado e desejoso sincero de praticar o bem, durante o desprendimento pelo sono encontra-se com companheiros afins e continua suas tarefas em favor do bem do lado de cá, enquanto aqueles que desejam a diversão sem responsabilidade ou simplesmente, dar vazão aos desejos carnais do instinto inferior, encontra farto material e companhias à vontade. Insistimos que nosso escopo não é de crítica nem de falso moralismo, mas de consciência para aqueles que têm a responsabilidade de seguir os passos do Divino Mestre, como trabalhadores da última hora, servindo de intermediários no intercâmbio entre o mundo visível e o invisível através do sagrado mandato mediúnico. É necessária a consciência de que o frasco não necessariamente tem que estar imaculado para servir a água da fonte ao sedento que desfalece de sede, mas tem que apresentar um mínimo de assepsia para que não seja contaminado o precioso líquido da vida.

Compreendi o alcance das observações de Alexandre. O trabalhador da Seara de Jesus, no exercício da mediunidade, tem que estar, antes de mais nada, consciente de suas imperfeições e manter o desejo sincero de se melhorar a cada dia. O trabalhador espírita é constantemente chamado a dar testemunho em nome de Jesus e tem que renunciar a muitos prazeres mundanos, fugazes, que apenas levam ao engano e ao desequilíbrio. Por esta razão, a mediunidade com Cristo nos obriga a evoluirmos, crescermos em termos espirituais e cedo percebemos que realmente o que deixamos para trás foram querelas sem importância para as conquistas do espírito nas alegrias do trabalho com Cristo!

A madrugada ia avançada e minhas observações haviam sido muito produtivas. Antes de retornarmos à colônia, Alexandre convidou-me a retornar ao apartamento de Renato, confidenciando-me que seria interessante observar as reações que se manifestavam no corpo físico, pois, segundo o Instrutor, Renato em espírito se divertia, entregando-se aos desregramentos do sexo, mas registrava suas impressões no corpo denso, em virtude da ligação dos laços fluídicos entre o espírito e o corpo físico.

Assim fizemos. Em poucos segundos, nos encontrávamos ao lado do leito onde repousava ou deveria repousar o corpo do rapaz. Ao adentrarmos, notamos de imediato que era claro e flagrante o estado desarmonia no ambiente do quarto. O pai de Renato repousava na sala, recolhido no pequeno sofá, instintivamente procurando isolar-se das vibrações negativas do quarto do filho.

— Embora o Sr. Apolinário não tenha consciência de seu estado, possui conquistas morais importantes. Não importa a religião professada, mas sua condição íntima de retidão o credencia e o torna merecedor de isolamento, sem ser atingido pelas trampolinagens do filho invigilante.

De fato, ao observar o Sr. Apolinário, que por falta de entendimento da realidade espiritual ainda tinha necessidade do repouso como se estivesse de posse do corpo denso de carne, era interessante que conseguia isolar-se do ambiente desfavorável que reinava no quarto do filho e seu sono era tranqüilo e sereno! Sorri com carinho ante a visão do bom velhinho que se preocupava com o filho como se ele ainda fosse uma criança que necessitava cuidados. E realmente necessitava.

A um gesto de Alexandre, voltei minha atenção para o corpo físico de Renato. Aproximei-me buscando particularidades importantes para minha observação, notando de imediato que o corpo do rapaz se agitava na cama de um lado para outro, transpirando em abundância. Sua respiração era ofegante e seu coração batia descompassado. O instrutor orientou-me para auscultar sua mente a fim de melhor entender o que ocorria. Ao atingir o diapasão de suas ondas mentais, observei naquele momento que Renato estava em uma verdadeira orgia juntamente com seus companheiros. As mulheres tocavam-no e seu estado de excitação se manifestava fisicamente qual estivesse realmente em um ato sexual.

Eu estava impressionado com o que presenciava, enquanto o Instrutor, com um sinal, recomendava que retornássemos ao nosso domicílio espiritual. No trajeto, esclarecia-me a respeito da perigosa armadilha do sexo desvirtuado quando o espírito ainda está em estado de desequilíbrio mental no trato com esta fonte abençoada de criação e de energias maravilhosas, quando tratadas com respeito e carinho pelas mentes que realmente sabem o que representa a sagrada função do sexo na preservação da vida e na evolução do espírito em sua trajetória em direção à divina Criação.

O Caminho de Santiago se estendia no infinito com sua forma de gaze iluminada, enquanto minha vista se perdia para muito além das fronteiras da Via Láctea, imaginando os inumeráveis mundos e galáxias distantes que rodopiam na harmonia e no equilíbrio da grandeza do Senhor dos Tempos, abrigando centenas de humanidades felizes que já venceram as minúsculas barreiras do instinto carnal inferior, e outras tantas, como a nossa, que ainda se debatem em lutas angustiantes para vencer em si mesmas as perigosas armadilhas do sexo desvirtuado, por não compreenderem ainda a grandeza da função do sexo na vida do ser humano.

O sol não tardaria a se levantar no horizonte, e na alegria da natureza, no desabrochar das flores, no canto dos pássaros, no suave toque da brisa matutina, no doce murmúrio das fontes, as criaturas levantar-se-iam de seus leitos para um novo dia de trabalho. Algumas com bom humor e alegria no coração, agradecendo ao Criador por mais um dia de oportunidades renovadas, e outras com mau humor, pelas tribulações vividas durante a noite no atendimento aos próprios desejos e desajustes de almas atormentadas nos desvarios das teias complicadas em que se enredam por vontade própria.

Mas Deus, em sua grandeza, sabedoria, bondade e misericórdia, aguarda pacientemente que o ser humano possa progredir, aprendendo com o próprio erro, caindo e levantando-se, sofrendo e sorrindo, depurando suas imperfeições. Quem não caminha pelo amor, caminha pela dor. Assim nos adverte com sabedoria o Evangelho do Cristo.

UM MOTIVO PARA VIVER

A cada dia que se passava, Deolinda mais se identificava com os conceitos da nova doutrina que estava abraçando. Sempre orientada por Sabrina, devorava os livros da literatura espírita, percebendo que sua capacidade de entendimento dilatava-se consideravelmente com a compreensão dos *"porquês"* da vida. Havia acabado de ler o magnífico romance de Emmanuel *Paulo e Estevão*(*), descortinando um novo horizonte de entendimento, sentindo-se reconfortada e revigorada com os exemplos maravilhosos dos cristãos da primeira hora, de seus testemunhos inesquecíveis, da confiança inabalável no Cristo em que eram capazes de oferecer a própria vida com a certeza que Deus os amparava nos caminhos difíceis e pedregosos do cristianismo nascente.

Para ela, a vida começava a ter um novo sentido, a compreensão do porquê de tantos encontros e desencontros. Percebia que, para seguir as pegadas do Mestre Jesus, o discípulo teria que renunciar a si mesmo muitas vezes, mas sentia que todo sacrifício valia a pena, pois seu coração exultava de alegria e contentamento, sua sensibilidade se aprimorava percebendo que, naquele pequeno espaço de tempo, ela mesma havia superado muitas barreiras que antes a atormentavam, e agora não tinham mais a mesma dimensão e importância dentro de seu coração.

(*) Obra de Emmanuel – Psicografia de Francisco Cândido Xavier.

Compreendia que a porta estreita com Jesus era alegria imorredoura, enquanto a porta larga oferecia o mundo das facilidades terrenas, mas não trazia a paz de espírito que ela estava sentindo naqueles dias. Tinha plena convicção que aquele seu sentimento representava conquistas morais importantes para sua condição espiritual.

Seis meses se passaram desde aquela manhã desagradável em que Henrique havia se portado tão mal com seus amigos. Deolinda freqüentava regularmente a creche e sua afeição por Carolina aumentava a cada dia. Não tinha mais dúvidas, haveria de convencer Henrique a adotá-la, seu sentimento é que a garota era um espírito amigo e querido de outras existências, que haveria de encher seus dias com alegria, dando-lhe razões para viver. A recíproca era verdadeira, o pequenino coração de Carol vibrava quando percebia a presença de Deolinda.

Estimulada por Sabrina e Cássio, passou a freqüentar as reuniões de Evangelho, a ouvir as palestras, a tomar passe, enfim a participar de forma ativa nos bazares que o centro promovia para arrecadar fundos visando a manutenção da creche. Fazia tudo com gosto, sabia que sua participação contribuía para o bem-estar de tantas crianças, e em especial de Carol. Depois de algum tempo freqüentando as reuniões evangélicas, a dirigente da casa encaminhou-a para a Escola de Médiuns que se iniciava, pois, após uma consulta espiritual, percebeu que Deolinda estava mais do que preparada para o Desenvolvimento Mediúnico.

Ao contrário do que acontece com muitos candidatos a discípulos que se assustam ante a possibilidade do trabalho e tentam de todas as formas se livrarem da responsabilidade, Deolinda sentiu-se recompensada, desde que iniciara as leituras espíritas, compreendera a grandeza do trabalho mediúnico em favor dos necessitados. Era o que ela mais desejava: ver chegado o momento em que o convite pudesse ser formulado e, quando ocorreu o chamamento, seu coração transbordou de alegria e contentamento. Seu desejo sincero era realmente se aprofundar no estudo da Doutrina de Kardec, desenvolver sua sensibilidade mediúnica, buscar seu auto-aprimoramento para que realmente pudesse oferecer o que de melhor tinha em seu coração a serviço de Cristo. Sentia-se ditosa pela oportunidade do trabalho, mas ao mesmo tempo, sabia o peso da responsabilidade. Entretanto, isto não a assustava, pelo contrário, representava um estímulo e um desafio a melhorar-se cada vez mais para que pudesse ser um instrumento hábil de amor nas mãos dos mensageiros do Cristo. Haveria de se dedicar para realmente ser um canal vivo das forças espirituais, um elo entre o mundo visível e o invisível, enfim, uma antena sensível a serviço do bem em favor dos desvalidos, encarnados ou desencarnados. Era seu sincero propósito servir a Jesus com alegria no coração, como trabalhadora da última hora que acabara de receber o honroso convite do Senhor da Vinha, para que pudesse oferecer seus préstimos na Seara do Mestre.

Naquele dia, chegou em casa com o coração transbordando de alegria. Sabia que Henrique não participava de suas novas convicções e, apesar de senti-lo cada vez mais distante, isto não a incomodava mais. Mesmo assim, continuava a querer bem ao marido e, no fundo do coração, ainda alimentava a esperança de um dia vê-lo também esposando os mesmos princípios que ela abraçava. Porque não? Henrique era uma pessoa muito inteligente e racional, e no momento em que tivesse a oportunidade de conhecer os conceitos do Espiritismo, sem dúvida ele os compreenderia, pois, acima de tudo, via lógica e razão nos postulados de Kardec.

O hábito do marido chegar tarde, todas as noites, havia virado rotina. A verdade era que o romance entre o causídico e Elídia era o comentário que rolava solto no escritório do Dr. Giácomo. Lógico que ninguém tinha coragem de comentar na frente de Henrique, mas o caso realmente estava assumindo proporções muito preocupantes, a ponto do pai de Deolinda pensar seriamente em conversar com o genro para que fosse mais discreto, principalmente depois que a moça fora promovida de servente de café para recepcionista. Não que Elídia não merecesse, afinal de contas era uma moça despachada, esperta, bonita, enfim, tinha todas as qualidades para desempenhar sua nova função, mas o seu envolvimento amoroso com Henrique era motivo para desprestigiá-la, como se a promoção tivesse sido apenas uma troca de favores. Lógico que, em condições normais, poderia ter ocorrido a mudança de função, mas a mãozinha do genro do Dr. Giácomo foi fator decisivo. Aquilo incomodava muita gente e Elídia, sem querer, foi aos poucos angariando antipatias dentro do escritório.

Mas o que interessava mesmo ao Dr. Henrique é que ele experimentava momentos de muito prazer, de satisfação. Sentia-se realizado em seu ego de conquistador irresistível, pouco se preocupando com sua esposa, praticamente ignorando-a. Entretanto, com o passar dos meses, começou a agir da mesma forma com sua jovem amante, pois, como conquistador inconseqüente, o prazer era o da conquista. Depois que deixou de ser novidade, começou a se entediar, não que não fosse agradável ter o prazer de sentir-se amado por uma moça ainda jovem e bonita. Sabia que aquilo não poderia durar para sempre, não poderia abusar indefinidamente dos ouvidos moucos do sogro, mas enquanto pudesse viver com prazer e sem responsabilidades, seguia em frente, sem se dar conta que feria profundamente dois corações que o amavam com sinceridade.

Naquela noite, quando chegou em casa já tarde da noite, esperava que Deolinda já estivesse dormindo, como já era costume, mas surpreendeu-se ao verificar a esposa na sala, aguardando-o com um livro nas mãos. Deduziu que se tratava de um livro espírita e, para desencorajá-la, comentou jocosamente:

— Ah! Vejo que os livros de "seus amigos" ultimamente tornaram-se uma verdadeira lavagem cerebral, pois não mais consegue dormir se não ler pelo menos um antes, não é Linda?

O comentário foi feito de forma irônica. Deolinda fingiu não perceber a ironia, abraçando-o com um sorriso nos lábios.

— Rick, querido, hoje estou muito feliz. Tenho duas ótimas notícias para lhe dar.

— O que é? – continuou irônico. – Ganhei na loteria sem jogar?

— Não, querido, melhor que isto, pelo menos para mim. Fui convidada a participar da Escola de Médiuns do Centro.

— Bom, e daí? O que isto significa de tão excepcional? Vai me dizer que daqui a pouco estará fumando charutos e fazendo despachos nas encruzilhadas às sextas-feiras à meia noite? Por favor, só não queira que eu aceite que venham aqui em casa "pais de santo" para fazer trabalho, ah!, isto não, por favor, me poupe!

O tom da resposta de Henrique foi áspero e quase grosseiro. Deolinda, entretanto, não se deu por vencida. Com paciência e carinho esclareceu:

— Rick, você é um homem inteligente e muito me surpreende suas conclusões precipitadas a respeito do Espiritismo. Como pode você supor que eu iria me submeter a fumar charutos e fazer despachos em encruzilhadas? Primeiro que não deveria estar falando de forma jocosa daquilo que desconhece, segundo, sem desmerecer quem quer que seja, o Espiritismo de Kardec é, acima de tudo, uma doutrina com base na filosofia, na ciência e na religião. Nunca critique algo que você desconhece. Em relação ao Espiritismo, tenho certeza que você iria se surpreender.

— Está bem, Linda, se isto a faz feliz, vá em frente. Mas daí imaginar que eu possa estar lhe acompanhando nestas suas maluquices junto com nossos amigos "sonhadores", que se acham os bons e querem modificar o mundo, está redondamente enganada. Em você eles conseguiram fazer uma lavagem cerebral, mas comigo é diferente.

Por um momento, Deolinda ficou entristecida com a atitude arrogante do marido. Mas foi apenas um momento, pois, em seguida, sorriu novamente. Henrique percebeu que havia sido grosseiro com a esposa. Poderia ter perdido o interesse no casamento, mas daí ser deselegante, isto não. Ficou com pena e para encorajá-la prosseguiu:

— Mas, e daí? A primeira "grande" notícia já me deu. Qual a segunda?

— Ah! Rick, querido, eu quero lhe pedir uma coisa que desejo há tempos, mas agora acho que chegou a hora. Promete que vai concordar?

Henrique ficou penalizado com a alegria inocente de Deolinda. Por um momento, chegou a sentir remorso por tudo que fazia às escondidas, mas logo sacudiu a cabeça. O que sua esposa desejava lhe pedir? "Eu e minha boca grande" – pensou consigo mesmo. "Por que não fiquei quieto?"

— Está bem Deolinda, eu prometo que irei pensar. Mas do que se trata?

— Trata-se de Carol, querido.

— Carol? Que Carol? De quem afinal você está falando?

— Querido, como pôde se esquecer? Eu falo sempre contigo a respeito da menina da creche do centro, que eu me afeiçoei tanto, mas você não me dá atenção. Eu estive pensando, já que não temos filhos, porque não adotamos a garotinha? Ah! Rick, ela é tão linda e meiga. Acredita que ela me chama de mamãe?

Henrique pego de surpresa, ficou momentaneamente sem reação. Entretanto, tão logo se recompôs, respondeu rispidamente:

— O quê? Endoideceu de vez, Linda? De onde você tirou esta idéia? Quem anda enfiando estas bobagens em sua mente frágil? Ah! Nem precisa me responder, mas aposto que foram nossos "queridos" vizinhos, não é mesmo? Então porque eles não adotam? Também não têm filhos, que adotem eles. Esta é boa, adotar uma criança. Realmente, querida, depois que você começou a ler livros espíritas, pirou de vez.

Deolinda sentiu-se esmorecer. Sentia que o coração do marido era duro e insensível. Mas não podia desanimar. Precisava encontrar o momento certo para tocar a sensibilidade de Henrique.

— Está bem, querido, não quero discutir, mas você prometeu que iria analisar o meu pedido, não prometeu?

Satisfeito com a desistência momentânea da esposa, Henrique abraçou-a, acariciando seus cabelos como há muito tempo não fazia, apenas para dar por encerrado o assunto.

— Tudo bem, querida. Prometo que vou pensar a respeito, está bem?

Deolinda sorriu intimamente, feliz com a promessa de Henrique. Acreditava que, no momento em que conhecesse Carol, haveria de se render aos encantos da menina. Naquela noite, adormeceu, e em seus sonhos via-se em épocas recuadas juntamente com Henrique e Carol, que lhe parecia uma moça muito linda. Em sua visão, alguém lhe dizia: vocês foram irmãs e se amavam como duas almas que guardam afinidades e sentimentos sagrados de outras eras. Emocionada, Deolinda estava assustada com a figura de Henrique, que em sua visão se apresentava transfigurado à semelhança de alguém que manifesta ódio no coração. Não se assemelhava com o Henrique que conhecia, sentindo-se incomodada com seu olhar que irradiava maldade. Perguntou: "E Henrique, quem foi Henrique?" A voz lhe respondeu sumida: – Henrique? Henrique, minha filha, cuidado com ele, pois ele foi o causador de toda desgraça.... Não concluiu, pois Deolinda acordou em prantos, com um sentimento de saudade e tristeza no coração, como se houvera perdido no tempo algo valioso e sagrado ao seu coração. O que teria acontecido entre ela e Henrique? Aquele sonho tinha algum fundamento? Carol teria sido realmente sua irmã em outras vidas? Olhou para o lado e Henrique dormia um sono profundo mas muito agitado, debatendo-se como se ele estivesse preso em algum pesadelo.

No dia seguinte, quando chegou ao escritório, Henrique teve a impressão que o dia não seria bom. Uma sensação estranha tomou conta de seu íntimo. Não havia dormido bem à noite, povoada por pesadelos os quais não se recordava. Tão logo colocou o paletó sobre o cabide e preparava-se para olhar a agenda do dia, o ramal interno tocou. Aquilo não era bom sinal, pensou. Era a secretária do Dr. Giácomo:

— Dr. Henrique, bom dia. O Dr. Giácomo quer vê-lo imediatamente. Por favor, venha até sua sala que ele o aguarda.

— Irei tão logo examine minha agenda de hoje, Rose.

— Desculpe-me, Dr. Henrique, mas ele está dizendo que deve ser agora, imediatamente.

O que estava acontecendo? O Dr. Giácomo nunca agira daquela forma tão peremptória. Novamente sentiu aquela sensação esquisita e estranha a envolvê-lo. Aquilo não era bom sinal. Novamente tocou o ramal interno. "Diacho", pensou, quem agora o incomodava? Será que nem podia mais sentar-se tranquilo e tomar um café? A campainha insistiu tanto que resolveu atender antes de se dirigir à sala do sogro. Era Elídia e, pelo tom da voz, parecia ansiosa:

— Henrique, tenho algo urgente para lhe dizer e é muito importante.

— Ora, Elídia, agora não, por favor. Estou com um problemão para resolver e você também vem com assuntos urgentes e importantes? À noite conversamos.

Dizendo isto, desligou abruptamente o telefone, não dando espaço nem oportunidade para nenhuma argumentação de Elídia. "Deve ser alguma bobagem", pensou. Lembrou-se de Deolinda na noite anterior que também tinha assuntos importantes, mas tudo não passava de bobagens, em sua opinião.

Quando chegou à sala do Dr. Giácomo, percebeu o sogro sentado com o semblante carregado. Realmente algo não estava bem, pois o conhecia sobejamente e sabia que era um homem afável e cordial, mas, aquele dia, não estava para muitos amigos. O que teria acontecido? Não se lembrava de nenhuma causa importante que tivesse dado errado. Todas as defesas e recursos haviam recebido o devido provimento. Cumprimentou-o com fineza e a resposta foi um seco bom dia.

— Por favor, Henrique, feche a porta e sente-se – determinou

— O que está acontecendo, Dr. Giácomo? Percebo que o senhor hoje não está bem, algo que eu possa ajudar?

O pai de Deolinda olhou fundo nos olhos de Henrique e, com a voz séria, respondeu:

— Henrique, sempre lhe dediquei a maior estima do mundo. Você foi o filho que eu sempre desejei ter e não tive. Quando me pediu a mão de Deolinda em casamento, foi para mim a maior satisfação que um pai poderia ter, vendo casada a filha querida com uma pessoa de minha maior admiração. Foi um acontecimento feliz. Que você aos poucos se desinteressou de minha filha e passou a ter suas aventuras extra-conjugais, sempre soube, mas entendi que estes problemas eu não deveria interferir, pois os casais acabam por se entenderem e, no fim, tudo dá certo.

Também tenho acompanhado à distância que minha filha é infeliz e isto tem me magoado muito, mas também me calei, pois sempre você soube ser discreto e manter o profissionalismo acima de tudo.

Henrique estava lívido com o teor da conversa do Dr. Giácomo. Onde queria chegar? Tentou argumentar:

— Mas Dr. Giácomo....

— Cale-se, Henrique, deixe-me falar. Depois que eu terminar, se ainda tiver que dizer alguma coisa, vou te ouvir. Pois bem, como eu estava dizendo, sempre o admirei e o respeitei pela capacidade, pelo profissionalismo, pela inteligência brilhante e confesso que eu errei, pois deveria estar mais perto de minha filha, para oferecer-lhe meu apoio e meu carinho, já que meu genro não o faz. Pois bem, Henrique, estou me estendendo um pouco e sendo prolixo, mas vamos aos fatos: enquanto suas aventuras amorosas estavam lá fora, enquanto suas trampolinagens não interferiam no ambiente de trabalho, tudo bem, pois quero o escritório com muito respeito, mas, infelizmente, você com suas maluquices acabou desrespeitando minha filha, desrespeitando o ambiente de trabalho e também me desrespeitando.

O pai de Deolinda fez uma pausa para tomar fôlego, enquanto Henrique já alcançava a extensão do dano causado. Sabia que o Dr. Giácomo tinha conhecimento de suas aventuras e nunca antes havia manifestado nenhuma contrariedade, por esta razão sentia-se confiante em suas investidas. Por que agora manifestava sua estranheza? O que teria acontecido?

Suor abundante descia pela fronte de Henrique, enquanto palidez de cera tomava conta de seu semblante.

— Pois bem, Henrique, continuou o Dr. Giácomo levantando-se da cadeira, postando-se ao lado do genro. Por que diabos resolveu ter um caso com a moça que havíamos contratado para servir café? Que por sua interferência, foi promovida a recepcionista? Sabia que é de domínio público que você tem um caso com a pobre criatura que, com certeza, é para você apenas um brinquedo que quando se cansar vai atirá-la na rua da amargura? Que todas as pessoas fazem chacota e até perderam o respeito por você? O que tem a me dizer?

Henrique havia sido apanhado de surpresa. Nunca esperava uma reação como aquela de seu sogro, homem calmo e educado. Acostumado apenas aos elogios, agora ouvia duras acusações. Entretanto, não podia deixar-se abater. Tinha que argumentar de forma convincente e convencer seu sogro que ele também era uma vítima e, como ele mesmo havia dito, era apenas mais uma aventura inconseqüente.

— Dr. Giácomo, perdoe-me a fraqueza. Confesso que não tenho muito a argumentar em minha defesa. Apenas gostaria de dizer-lhe que também eu sou muito infeliz e, como todo homem, busco fora de casa aquilo que não tenho no casamento. Vamos falar como homens, de nossas necessidades: quem resiste a uma moça nova e bonita? Por favor, Dr. Giácomo, não me condene, pois ainda amo sua filha e meu caso com Elídia é apenas uma aventura passageira. Ainda hoje mesmo vou tomar as providências para despedi-la.

Henrique foi infeliz em sua defesa, por cometer um erro grosseiro que comumente não cometeria em nenhum processo: não conhecer a fundo todos os fatos para elaborar defesa consistente. Pela reação do sogro, percebeu que havia ainda detalhes daquela questão que ele ainda não conhecia, pois o Dr. Giácomo crispou o semblante que ficou rubro de cólera:

— Realmente estou decepcionado contigo. Nunca esperava de você atitude tão pequena e sorrateira. Quer dizer que a solução é simplesmente despedir a moça? Colocá-la no olho da rua? E o mal causado? Qual o remédio? Vamos, diga-me, qual o remédio?

Henrique recusava-se a acreditar no que ouvia. O Dr. Giácomo não dizia com todas as letras, mas o advogado entendia na mensagem subliminar a gravidade da situação. Gaguejando tentou argumentar:

— Dr. Giácomo, não me diga que a moça está.... – Não concluiu a frase, mas sentia-se desorientado diante da realidade.

— Sim senhor, a moça está grávida. Como pôde? Você, um advogado experiente, calejado em tantas aventuras, que eu sei.

O que fazer agora? Diga-me, o que fazer? Acha que despedi-la é a coisa mais acertada do mundo? Francamente, sinto pena desta moça e de minha filha. Infelizmente, sou obrigado a reconhecer, sinto-me também culpado por tudo isto.

O marido de Deolinda estava arrasado. Pela primeira vez na vida via-se diante de um problema tal qual um processo que ele tantas vezes encontrava saídas mirabolantes diante dos escaninhos da lei, mas agora, ele era réu confesso. O que fazer? A pergunta do Dr. Giácomo martelava em sua mente. Então era isto que Elídia queria lhe dizer de manhã: estava grávida. Pediu licença para o sogro, retirando-se cabisbaixo enquanto ainda ouvia a recomendação em tom de advertência:

— Veja lá o que vai fazer. Não quero mais saber de trampolinagens aqui no escritório.

Retornou à sua sala, mas não tinha cabeça para raciocinar. Tocou novamente o ramal interno. Era Elídia, mas ele não quis atender. Apanhou o paletó saindo para a rua sem dar satisfação para ninguém.

Elídia não sabia o que fazer. O desespero tomou conta de sua mente sentindo-se só e abandonada. Recordou o episódio da primeira gravidez e aquela sensação de angústia novamente invadiu sua alma. Alguns dias atrás, havia comentado com uma colega que já fazia algum tempo que o ciclo menstrual não se manifestava e que suspeitava de gravidez. A amiga aconselhou-a a fazer o teste na farmácia e o resultado foi positivo. Num primeiro momento, ficou feliz pois amava Henrique, mas depois, começou a se preocupar, pois afinal o advogado era casado com a filha do dono do escritório. Infelizmente, a sua colega não guardou sigilo da gravidez de Elídia e acabou comentando com outras pessoas, em pouco tempo todo escritório ficou em polvorosa. Todos sabiam da novidade: Henrique iria ser papai. Um dos sócios do escritório resolveu levar ao conhecimento do Dr. Giácomo, pois, realmente, apesar do tom de galhofa dos comentários, o caso assumira proporções preocupantes para a ética do escritório, particularmente pelo envolvimento do Dr. Henrique e pelo fato de ser genro do sócio majoritário.

Naquele dia, Elídia quase não conseguiu trabalhar, sentia-se só e desamparada. Se ao menos pudesse falar com Henrique, tinha certeza que ele iria compreendê-la e ampará-la naquele momento tão difícil, afinal ele sempre se mostrara um homem sensível e amoroso. Talvez até ficasse feliz com a notícia de um filho, pois uma de suas queixas era que a esposa, por ser estéril, nunca lhe daria a oportunidade de ser pai. Entretanto, o dia transcorreu penosamente e Henrique não retornou para o escritório, aumentando sua angústia e a sensação de que algo não estava bem. Corria o burburinho pelo escritório que o Dr. Giácomo havia chamado o Dr. Henrique à sua sala e lhe passado uma descompostura. Diziam até que, se não fosse pelo fato de ser genro, Dr. Giácomo o teria despedido, tal o calor da discussão. Estas conversas chegaram aos ouvidos de Elídia aumentando seu desespero e angústia.

Ao chegar em casa no final do dia, teve uma surpresa: o carro de Henrique estava estacionado na frente do prédio. Deveria estar esperando, pois tinha cópia da chave do apartamento. Subiu apressada com o coração pulsando descompassado em seu peito. Por um momento raciocinou que se Henrique estava esperando, era bom sinal e, com certeza, estaria ao seu lado para o que desse e viesse. Sorriu feliz, imaginando a felicidade dele em ser pai. Ele sempre lhe dizia que sua maior decepção no casamento era a esterilidade da esposa.

Girou a chave na fechadura e entrou sorridente, mas seu sorriso morreu nos lábios ao observar a carranca do namorado. Henrique estava com cara de poucos amigos, transparecendo em sua fisionomia um semblante de raiva, de ira, que assustou Elídia.

— Rick, querido – cumprimentou Elídia, fazendo menção de beijá-lo – que bom que você está aqui. Senti muito sua falta durante o dia, precisava tanto conversar contigo e contar a novidade.

Ele afastou-a de forma deselegante, recusando o beijo.

— Ah! Você queria me contar a novidade! Que grande novidade que apenas eu não sabia, pois a notícia de sua gravidez já era de domínio público. O mundo inteiro já tinha conhecimento, apenas o imbecil aqui não sabia, não é verdade, Elídia?

A moça emudeceu diante da forma irada com que Henrique pronunciava as palavras que estavam carregadas de ódio e revolta. Nunca o vira falar daquele modo. Meu Deus – pensou – será que me enganei de novo com o homem que me apaixonei? Em prantos, mal conseguia balbuciar algumas palavras:

— Rick querido, eu não tive culpa, pois apenas a uma amiga minha eu confiei o segredo, mas ela acabou comentando com outras pessoas no escritório. Perdoe-me, meu amor, pois eu não tive culpa. Mas pense bem, você vai ser pai, isto não é bom?

— Bom? Como poderia ser bom? Você ficou maluca? Sou casado com a filha do Dr. Giácomo e isto é um escândalo. Ah! Por favor, não me chame mais de Rick, pois apenas minha esposa pode ter esta intimidade, você não.

— Henrique, pelo amor de Deus! Eu não estou te reconhecendo. Como pode ter mudado dessa forma? Você jurou que me amava e que seu maior desejo era ser pai.

— Ah! Agora percebo como você foi astuta. Quer dizer que facilitou a gravidez para me amarrar? Pois aviso-lhe que está redondamente enganada. Hoje vamos tomar duas decisões importantes aqui, aliás, três: em primeiro lugar, está despedida do escritório, segundo, irá tirar esta criança, custe o que custar e terceiro, terminamos aqui nosso relacionamento. Acabou, entendeu? Acabou!!!

Elídia estava arrasada. Recusava-se a acreditar no que ouvia. De repente todo passado retorna à sua mente e o pesadelo de uma nova gravidez sem apoio nenhum. Pior ainda, a possibilidade do desemprego juntamente com a covarde atitude do namorado, a mais conveniente para ele. Na verdade, sentia que Henrique queria era salvar a própria pele sem se importar que a jogava na rua da amargura.

— Henrique, não posso acreditar no que estou ouvindo. Por favor, diga-me que isto é um pesadelo. Além do mais, como pode me despedir? Estou grávida, você sabe que é proibido por lei.

— Pensa que está falando com um leigo? Por quem me toma, mocinha? Já arrumei tudo e pense bem, a oferta que tenho é melhor pegar com as duas mãos, pois não haverá segunda chance, está entendendo?

— Como? O que você deseja que eu faça?

— Assine aqui, - disse exibindo um documento já preenchido. – Esta é uma carta pela qual você está pedindo demissão de forma irrevogável. Se você recusar-se a assinar, então será despedida por justa causa, pois desapareceu dinheiro no caixa e existem testemunhas que foi você quem pegou. Então, esta é a melhor saída para você: pedir demissão, receberá todos os direitos – disse exibindo um pacote de dinheiro – e tudo ficará bem. Caso contrário, terá que prestar contas no Distrito Policial.

— Como pode fazer uma coisa dessas comigo, Henrique? Que história de desaparecimento de dinheiro é esta? Você sabe que eu nunca peguei nada de ninguém.

— Não há o que questionar, minha filha. Contra fatos não há argumentos e os testemunhos são fortes, você é quem decide. Fique feliz, pois após terminado tudo isto, você ainda vai ficar no lucro, pois mandei o contador ser generoso em sua conta.

Elídia emudeceu. Sua cabeça girou e sua vista escureceu. Não imaginava até onde poderia ir o mau caráter e a covardia daquele homem. De repente, aquele sentimento de amor que nutria, transformou-se em surdo ódio. Depois de tudo, aquele homem ainda colocava em dúvida sua honestidade e sua moral. Tudo sim, menos isto, jamais admitiria que um homem como aquele adentrasse seu humilde recanto para conspurcar seu nome e sua honra! Entretanto, sabia que estava mexendo com poderosos e ponderou por um momento que o melhor seria realmente assinar aquele documento e se afastar mesmo do escritório, mas jamais iria fazer o aborto do filho que carregava no ventre.

Dessa forma, com um sentimento profundo de mágoa a corroer-lhe a alma, sem dizer sequer uma palavra, assinou a carta de demissão e colocou Henrique para fora de seu apartamento. Sozinha chorou copiosamente. Meu Deus – pensava – o que o destino me reserva? Qual o futuro para meu filho?

Mais uma vez grávida e sem perspectiva na vida. O que estava acontecendo? Porque as coisas sempre davam errado para ela? Que lições a vida estava querendo lhe mostrar?

Chorou, acariciando a barriga que agasalharia a vida que estava por vir. Teria que ser forte para que aquela criança pudesse ser, para ela, o motivo, a razão para continuar lutando pela vida. Na verdade, sentia naquele momento que a única razão para viver era aquela criança. Seria sua companheira e teria certeza que nunca mais estaria sozinha, pois o filho estaria sempre ao seu lado.

A ROSA PERFUMADA

Naquela noite, após assistirmos a um belíssimo concerto na Praça da Harmonia e da Paz, ainda envoltos nos eflúvios das elevadas vibrações que a música nos proporcionara, Alexandre informou-me que estaríamos visitando o lar de uma protegida do Núcleo de Trabalho dirigido pelo Irmão Cláudio.

Tratava-se de uma criatura abnegada, explicava-me o Instrutor, já na casa dos quarenta anos de idade e que descobrira no Espiritismo um novo alento para sua vida. Casada com famoso advogado, condição social privilegiada, vida material tranqüila. Todavia, apesar de todas as benesses que o mundo de César lhe oferece, é profundamente infeliz com a vida vazia e inútil que levava, uma vez que não tivera filhos e também não contava com o carinho e a atenção do esposo infiel. É uma criatura que traz na paciência sua mais preciosa conquista de espírito, embora estivesse descobrindo um tanto quanto tardiamente razões para preencher o vazio da vida, juntamente com sentimentos adormecidos em seu coração e que, através dos estudos da Doutrina Espírita, parecia-lhe que afloravam qual uma rosa perfumada, trazendo-lhe a alegria e a oportunidade de servir, de amar criaturas mais necessitadas, particularmente as crianças da creche que havia adquirido o hábito de visitar ultimamente. A leitura de livros edificantes da doutrina haviam despertado grande interesse no conhecimento da doutrina de Kardec e nossa irmã se entregou à procura do conhecimento das coisas espirituais, qual sôfrego sedento em busca da fonte de água cristalina.

— Nossa irmã - continuou Alexandre - está no início do desenvolvimento mediúnico, tendo começado há pouco tempo a Escola de Médiuns do Núcleo de Cláudio, e as informações que tenho recebido é que está indo muito bem, pois acolheu com alegria em seu coração a possibilidade de desenvolver suas faculdades medianímicas a serviço de Jesus, que é o que nossa irmã mais deseja.

Pela exposição do Instrutor, uma questão assomou minha mente: diz o evangelho que quem não vai pelo amor, vai pela dor. Poder-se-ia entender que, no caso da pessoa em questão, ela atendeu o chamamento pelo amor?

— Interessante observarmos, Virgílio, que a grande maioria das criaturas realmente buscam a Doutrina em desespero de causa, quando a guante da dor e do sofrimento já atingiu grandes proporções. O chamamento sempre vem na hora certa, mas, como já dissemos anteriormente, resistimos até quando podemos. Aqui, é o drama da obsessão, acolá, a perda do ente querido e a dor da saudade imorredoura, mais além, a dificuldade financeira, o problema de saúde que não encontrou solução na medicina. Enfim, em raros casos poderemos dizer que o candidato ao trabalho da mediunidade buscou o trabalho no exercício da caridade e do desprendimento pelo simples desejo de servir, com amor no coração. No caso de nossa irmã Deolinda, poderemos dizer que reencarnou com a missão do sagrado mandato, para resgatar importantes débitos do passado, mas infelizmente, como muitos de nós, também resistiu aos apelos e chamamentos. Apenas agora, com considerável atraso e prejuízos contabilizados, é que realmente atendeu a oportunidade de ainda trabalhar com Cristo em favor de si própria, de seu esposo e de outra criatura que deveria ser seu amparo e consolo nesta vida. Entretanto, antes tarde do que nunca, diz o adágio popular. Dessa forma, ainda poderá contribuir decisivamente em favor das criaturas que ela ama, apesar do pouco tempo que lhe resta.

Eu estava desejoso por conhecer a senhora que Alexandre se referia, tomado que fui de grande simpatia por aquela criatura, pelo simples fato da ligação vibratória que se estabelecera através daquele colóquio, entrarmos em sintonia com seu campo vibratório mental. Percebia que se tratava de uma criatura cuja maior conquista era a bondade e, como dissera o Instrutor, também era portadora de grande paciência e abnegação. Todavia, algo me intrigou, pois Alexandre mencionara que não lhe restava muito tempo.

— Sim, Virgílio – esclareceu-me o Instrutor – infelizmente resta-lhe pouco tempo, mas o tempo que lhe falta, deverá ser bem aproveitado, e por esta razão passaremos a dedicar-lhe atenção especial. Deolinda é uma criatura especial, com importantes conquistas e aquisições de espírito, tendo reencarnado com a missão de auxiliar seu esposo, companheiro de outras vidas que, de forma imprudente, contribuiu para que trilhasse caminhos tortuosos. Viria com um problema de esterilidade, já que o exercício do amor e da doação ao próximo haveria de colocar-lhe no caminho os recursos necessários para encontrar a cura e abrigar em seu seio uma filha que é alma querida de outras existências, que seria seu sustentáculo, trazendo motivos e razões para que seu companheiro encontrasse alegria e motivação no seio do lar, pois, para o marido, a filha também seria alguém muito especial. Seu maior pecado foi o comodismo, pois de nada adiantam todas as virtudes do mundo se não colocadas em prática. O talento enterrado nada produz, apenas enferruja e cria embaraços pela inutilidade. Deolinda praticamente levou vinte anos de sua existência para acordar e recordar, no fundo de sua alma, que estava encontrando algo que já lhe era de seu conhecimento, pois fora preparada antes do reencarne. No íntimo de sua sensibilidade, ela sabe que seu tempo é curto, mas nossa irmã tem elevação suficiente para fazer do momento de prova, sofrimento e dor, valiosa oportunidade de aprimoramento espiritual, pois já sabe sofrer com resignação e sem lamento.

Eram 23 horas quanto aportamos à residência de Deolinda. Quando adentramos os pórticos do apartamento, encontramos nossa protegida sentada em confortável poltrona na sala, ouvindo música clássica, enquanto se distraía com edificante leitura.

Verifiquei ainda a presença de uma senhora de aspecto venerável pertencente à nossa esfera de atuação, que se encontrava ao lado da jovem senhora, transmitindo-lhe pensamentos reconfortantes e encorajadores de forma carinhosa. O ambiente apresentava-se equilibrado em termos espirituais, com atmosfera leve e agradável, enquanto a dona da casa irradiava vibrações equilibradas e harmoniosas. Ao perceber nossa presença, a simpática protetora de Deolinda se apresentou:

— Instrutor Alexandre, obrigada por ter vindo. Que alegria em meu coração pela sua presença no lar de Deolinda. Há tempos venho insistindo para que minha filha assumisse sua responsabilidade no sagrado mandato da mediunidade. Felizmente, agora ela abraçou finalmente a causa, mas sabemos que o tempo terá que ser muito bem aproveitado em benefício de sua libertação. Ultimamente tenho me preocupado com meu genro, que se desequilibrou totalmente em virtude de alguns comprometimentos no campo das sensações desenfreadas. Tenho procurado manter o campo de equilíbrio e confiança de minha filha em condições favoráveis, acompanhando-a no desprendimento através do sono, levando-a para locais de estudos e trabalho para que possa estar muito bem preparada para os dias vindouros. Deolinda tem respondido bem e está entusiasmada com a possibilidade do trabalho na Seara de Jesus, mas hoje ocorreu um fato muito grave com meu genro e temo que seu estado de perturbação acabe interferindo negativamente em seu estado emocional.

— Antes de mais nada, irmã Dináh, gostaria de apresentar-lhe nosso Virgílio, que nos acompanha em missão de estudo e aprendizado no campo da sensibilidade do espírito, e do intercâmbio entre o mundo visível e o invisível!

Cumprimentei a simpática mãe de Deolinda, que, de imediato, se prontificou a esclarecer o caso da filha para efeito de minhas anotações:

— Sabe, Irmão Virgílio, a mediunidade é antes de mais nada uma conquista da alma, pois através deste precioso talento o espírito imortal busca aurir forças no gratificante trabalho a serviço do amor. A sensibilidade da alma é um canal de forças infinitas e imponderáveis, servindo de elo entre o mundo grosseiro da matéria e o admirável mundo invisível. Quando reencarnamos, a maioria de nós vem imbuída dos melhores propósitos, mas quando aqui estamos, negligenciamos este compromisso tão sagrado. As razões, sabemos, são as mais variadas. Alguns fogem deliberadamente do compromisso, por se entregarem às sensações fugazes do mundo de César. Outros, por convenções e preconceitos do meio social. Existem aqueles que fogem da mediunidade por receio e por medo do desconhecido. Há ainda aqueles que se preocupam com o juízo dos outros e o que irão pensar a seu respeito. Não podemos nos esquecer dos demais, que preferem a vida sem responsabilidade nem compromisso, como se fossem viver eternamente na matéria. Podemos assegurar que todos assumiram responsabilidades no plano espiritual e imploraram a oportunidade bendita para servir a Cristo através do sagrado mandato da mediunidade e que trazem gravado no inconsciente a plena consciência de seus compromissos. Entretanto, existe uma parcela de espíritos que, apesar de terem conhecimento espiritual, elevação, preparo e também boa vontade, mesmo assim fracassam nas missões que lhe são confiadas. É o caso de Deolinda, pois minha filha reencarnou suficientemente preparada para assumir o mandato da mediunidade e trabalhar em benefício do próximo, e particularmente de seu marido, criatura a quem guarda compromissos comprometedores de um passado distante. Por que razão Deolinda postergou tanto tempo sua oportunidade de trabalho com Jesus através da mediunidade abençoada? Embora seja espírito de alta sensibilidade, com aquisições importantes no campo da bondade, da paciência e da resignação, minha filha ainda pecou pelo ócio, pela displicência e pelo comodismo. Quantas vezes nos acomodamos levando uma vida tão fútil, sem nada construir ou acrescentar vivendo uma existência em brancas nuvens? Fugimos deliberadamente dos compromissos e dos chamamentos. Por que nos incomodar se tudo está aparentemente bem em nossa vida? Esquecemos que a espiritualidade superior respeita nosso livre-arbítrio, mas temos que ter a consciência que iremos responder pelo prejuízo do patrimônio que se deteriorou no tempo por falta de utilização. Toda construção abandonada acaba por agasalhar bactérias, fungos e cupins, que, apesar de minúsculos, com o tempo levam a ruir as mais formidáveis estruturas aparentemente inabaláveis.

Dona Dináh fez uma pausa, enquanto eu fazia minhas anotações. O Instrutor Alexandre estendeu um pouco mais os conceitos, para um melhor entendimento da complexidade que envolve a atuação de nossos irmãos desencarnados menos felizes, aproveitando-se de nossas fraquezas e invigilância:

— Irmão Virgílio, não podemos olvidar que o ócio, a displicência e o comodismo são armadilhas sorrateiras que solapam a vontade e a disposição daquele que, na invigilância permite que se instale o gérmen da inoperância. Muitas vezes, espíritos menos felizes, conhecedores de nossas fraquezas morais, instilam, através de sugestões sutis que acabam por encontrar eco em nossa mente invigilante, idéias que nos induzem à preguiça, à indolência e à ociosidade, acabando por nos afastar dos sagrados compromissos assumidos na espiritualidade. Quantas vezes o candidato ao trabalho com Cristo enfrenta no dia da reunião fatos imprevistos, e a visita inesperada a nos convidar a desistir do trabalho espiritual, é um programa de televisão em que se apresenta nosso artista preferido, é o problema no trânsito que nos atrasa ou muitas vezes pequenos acidentes com fim específico de impedir nosso acesso à casa cuja equipe espiritual nos aguarda para o trabalho. Às vezes, lançam mão da discórdia no lar, em que a esposa critica o marido por dedicar mais atenção ao Núcleo de Trabalho que à própria família, e vice-versa, o marido que se queixa da esposa. Alertamos que estes irmãos lançam mão dos recursos que têm disponíveis, e se não conseguem atingir diretamente o trabalhador, irão atuar em alguém que lhe seja caro e próximo. Por esta razão Jesus nos recomendou a vigilância e a oração constantes, particularmente o Evangelho no Lar, para manter em equilíbrio nossos entes queridos e o ambiente doméstico.

— A atuação destes espíritos é sorrateira, e seria fácil justificar nossas falhas atribuindo nossas quedas somente à atuação de nossos irmãos menos felizes. Porém, eles jamais atingiriam o objetivo se não tivessem em nós outros, campo propício para atuação. Se afastássemos as idéias infelizes e se realmente fôssemos vigilantes, bloquearíamos imediatamente estes pensamentos negativos, cortando a ligação. Volto a insistir, só se ateia fogo onde houver material de combustão e, infelizmente, somos nós mesmos que oferecemos, em nossa invigilância, o campo patológico necessário para a proliferação dos bacilos da discórdia, da preguiça, da indolência. Agasalhamos a idéia e quando aparece o motivo que nos leva ao afastamento do compromisso, justificamos plenamente o fato, encontrando a própria desculpa que procuramos para aquietar nossa consciência, enganando-nos a nós mesmos.

Compreendi o alcance da explanação de Alexandre, pois quando o trabalhador se entrega à preguiça e ao ócio, fica procurando razões e motivos que possam justificar sua ausência, sua fuga. Lógico que "alguém" está cuidando para que o motivo apareça, aí então o trabalhador justifica-se, tranqulizando sua consciência.

Eram 23h30 passadas quando ouvimos passos do lado de fora e o barulho da chave na porta. Era o marido de Deolinda que chegava. Percebi tratar-se de um homem na casa dos quarenta e cinco anos, que primava pela aparência física. Vestia-se com apuro e era fácil notar sua preocupação excessiva pela vaidade. Bem conservado para a idade, rosto bem talhado, tinha um porte aristocrático. Entretanto, sua vibração era de teor baixíssimo e sua aparência espiritual contrastava com a aparência física, exibindo, no campo perispiritual, uma fisionomia sinistra, com os lábios levemente torcidos num esgar desagradável. Sua companhia espiritual também não era das melhores. Acompanhavam-no dois espíritos perturbadores que Alexandre identificou como sendo da equipe de Polifemo. Henrique parecia-me totalmente desequilibrado, em estado de perturbação preocupante, no que se compraziam seus companheiros invisíveis.

Imediatamente notei que a atmosfera do ambiente ficou pesada, mas, de imediato, Deolinda levantou-se com um sorriso nos lábios e, inspirada pela mãe, proferiu palavras de carinho e reconforto ao marido, de forma sincera e amorosa. Verifiquei que aquela atitude da esposa foi o ponto básico do equilíbrio do ambiente, de seu peito partiram tênues raios azulíneos que alcançaram a região do centro cardíaco de Henrique. Isto pareceu acalmá-lo para insatisfação dos seus acompanhantes, que se sentiram tolhidos na atuação. Diante de meu espanto, Alexandre esclareceu-me:

— Observe como é importante o equilíbrio e a oração no lar, Virgílio. Henrique, além de não comungar os ideais da esposa nem participar das orações, ainda se entrega à devassidão e à promiscuidade, mas a esposa, zelosa e dedicada, cuida, através do Evangelho, da manutenção da paz no ambiente doméstico. Embora Henrique mantenha estreita ligação com nossos irmãos menos felizes, e lhes faculte que até possam permanecer no ambiente, todavia ficam tolhidos em sua liberdade de atuação, sendo impedidos até mesmo de adentrarem ao quarto do casal, ambiente sagrado por natureza aos que buscam, na oração e no exercício do amor, a paz de espírito e a preservação do ambiente do lar. Pela sublimidade das intimidades conjugais, são eles impedidos de adentrarem ao recinto conjugal, qual barreira vibratória a lhes impedir acesso onde não são chamados nem bem-vindos. Neste caso, a ascendência espiritual da esposa de Henrique permite ao esposo infiel desfrutar de momentos de paz e equilíbrio dentro do recinto doméstico.

— Henrique, querido, como foi seu dia hoje? - cumprimentou a esposa procurando abraçá-lo, enquanto envolvia o marido em suaves tonalidades vibratórias de amor.

Desarmado e, no íntimo, envergonhado, o marido respondeu meio sem jeito diante do carinho espontâneo de Deolinda:

— Linda, minha querida, hoje não tive um dos melhores dias não. Foi estafante, meu Deus.

— Eu sempre te falo, Rick querido, mas você não me ouve. Porque não tiramos uma férias e viajamos? Quanto tempo não fazemos uma viagem? Isto seria bom para você querido, fale com papai, tenho certeza que ele vai compreender. Quem sabe nestas férias eu poderia lhe explicar a respeito da Doutrina Espírita. Quem sabe você não pudesse ler algum livro, tenho certeza absoluta que você iria adorar Rick.

O tom da esposa era meigo e ingênuo. Henrique por um momento sentiu-se um monstro. Como podia abusar assim da confiança da esposa tão dedicada? Nunca reclamava de nada, não lhe cobrava e nem lhe culpava pela falta de atenção. Sacudiu a cabeça, pois sua sensibilidade de espírito ainda era muito endurecida. Henrique sentou-se no sofá, enquanto Deolinda acariciava seus cabelos. Por um instante sentiu-se aconchegado nos braços da esposa, mas como que sacudido por um tremor, afastou-se.

— Ora, Linda, já lhe falei diversas vezes que se você quer e sente-se bem com esta história de Espiritismo, que vá em frente, mas não espere que eu a acompanhe nestas suas maluquices. Para mim, esse pessoal espírita é meio maluco e esquisito. Deixe-me fora dessa, me poupe por favor.

Sem se aborrecer pela insensibilidade do marido, Deolinda continuou a conversar de forma carinhosa e compreensiva:

— Que pena, querido. Você age assim porque não conhece o Espiritismo e está com idéia pré-concebida. Mas não vou insistir, está bem? Pense nas férias, acho que você está precisando. Gostaria que eu lhe fizesse um cafezinho? Ah! Por favor, querido, já que não jantamos juntos, pelo menos deixe-me que eu possa lhe oferecer um café, está bem?

Diante da insistência da esposa, Henrique aquiesceu com um sorriso. Em poucos minutos, Deolinda oferecia saboroso café cujo perfume podíamos sentir. O marido sorriu ao sorver o primeiro gole:

— Ah! Querida, obrigado pelo café. Realmente eu estava precisando disto. Obrigado mesmo!

Deolinda sorriu feliz. Aquele simples agradecimento soou aos seus ouvidos desacostumados à gentileza do marido como um elogio, um galanteio como na época de namoro. Conversaram um pouco mais recolhendo-se em seguida para o repouso necessário do corpo físico.

Alguns minutos transcorreram e dona Dináh nos convidou para adentrarmos o quarto do casal, que já ressonava envolvido pelo sono benfazejo. Em instantes, Deolinda se desprendeu do corpo físico, enquanto Henrique ainda permaneceu mais tempo preso ao corpo denso.

Já do nosso lado, a moça apresentava-se com belíssima aura perispiritual, demonstrando boa condição de lucidez, pois identificou-nos a presença, mas ateve-se apenas à figura da mãe, que abraçou feliz e comovida.

— Ah! Mãezinha querida, eu sei que tem me assistido e me dado força nestes dias tão difíceis. Sinto sua presença, mas confesso como está difícil vencer as barreiras impostas por Henrique. Seu orgulho ainda é muito forte. Mas isto nada me importa, pois eu o amo de coração. Por favor, mamãe, não me desampare nesta tarefa.

Dona Dináh acariciou o rosto da filha com demonstração de afeto e carinho inexcedível.

— Não, filha, jamais a abandonarei nesta tarefa que é nossa. Deus em sua misericórdia infinita permite que eu possa estar ao seu lado nos momentos mais difíceis. Tem que perseverar, pois não mais estamos sozinhas nesta tarefa. A espiritualidade maior nos fortalece, com o auxílio de irmãos abnegados que prestarão precioso concurso para que possamos alcançar a vitória – disse referindo-se ao Instrutor Alexandre. Henrique haverá de dobrar seu orgulho, pelas evidências e também pela dor, mas seu exemplo, filha, será para ele fator preponderante para seu despertar para a realidade da vida. Tenhamos paciência, pois a tarefa exige exercício de abnegação, paciência, tolerância e muito amor no coração.

Mãe e filha, abraçadas, se afastaram em demanda a outras paragens. Alexandre esclareceu-me que Dináh levava a filha para nossa colônia para que pudesse retemperar suas energias, fortalecendo-se espiritualmente para os grandes embates que haveria de enfrentar nos meses vindouros.

Enquanto isso, Henrique desprendia-se do corpo somático. À semelhança de um ébrio, tinha dificuldade de raciocínio e sua condição de lucidez era muito precária. Como um trôpego caminhou para fora do quarto onde o aguardavam os companheiros já impacientes com a demora do parceiro. Um deles com um abraço envolveu o advogado em fluidos pesados de desejos libidinosos. De imediato, Henrique experimentou certo fortalecimento, enquanto que os obsessores gargalhavam satisfeitos:

— Ora, ora, até que enfim o grande e famoso causídico se junta aos miseráveis e desfavorecidos da sorte – disse em tom de galhofa Hefesto.

O segundo obsessor denominado Érebo, juntou-se a Hefesto em corrente de irresistível força que dominava completamente Henrique:

— Não se esqueça, Hefesto, que o Dr. Henrique, além de ser homem importante e inteligente, é também nosso amigo, não é verdade? – questionou o advogado cuja vontade se apresentava muito débil diante do envolvimento que era objeto.

— Sim, sou amigo de vocês – concordava Henrique, e com muito orgulho. É verdade, sou mesmo inteligente, rico, importante e simpático, não sou?

— Ah! Ah! Ah! – ria debochado Érebo. Está brincando doutor? Vós sois uma sumidade, rico, simpático e poderoso. Ai daquele que disser o contrário, pois nós acabamos com ele, não é mesmo Hefesto?

— Azar de quem se atrever a contrariá-lo doutor, pois Érebo e eu somos seus amigos e iremos defendê-lo sempre. Por isto confia em nós, não é verdade? Além do mais, quem é que proporciona divertimento para Vossa Excelência? – completou zombeteiro Hefesto.

— É verdade, vocês são meus amigos do peito. Mas não estamos conversando demais hoje? Por que não vamos nos divertir?

— Boa idéia, doutor – retrucou Érebo. Não te falei, Hefesto, que o doutor é esperto? Quem é que engana este homem? Ele quer divertimento, então vamos nos divertir.

Dizendo isto, saíram em grande algazarra levando junto o marido de Deolinda, que parecia com os olhos obnubilados. A um gesto, Alexandre e eu acompanhamos o pequeno grupo que aportou em barulhenta casa noturna, onde se confundiam nos prazeres desregrados do sexo os encarnados e os desencarnados, em condição de muita promiscuidade. Apesar de estarmos em condições vibratórias mais sutis, o que garantia nossa segurança e invisibilidade no meio onde estávamos, o Instrutor recomendou-me vigilância e oração, pois as vibrações do ambiente eram muito perigosas. Envolvido pelos companheiros, Henrique era joguete e motivo de chacotas entre os discípulos de Polifemo.

Notei que o Instrutor buscava a sintonia da esfera mental de Henrique, ao identificar no advogado um momento de tristeza. Concentrou-se em oração fazendo uma projeção energética sobre o centro de força coronário, fazendo com que pensasse em sua esposa. O resultado foi quase que imediato, pois notei que os olhos do advogado estavam molhados de lágrimas. Notando que o advogado mudava sua condição vibratória, Hefesto vociferou irado:

— Doutor, o que estamos vendo? Homem que é homem não chora. Vai nos decepcionar? Veja, Érebo, nosso amigo inteligente e poderoso choramingando como um menino mimado!

— O que está se passando, doutor? Vamos fale para seus amigos, pois só nós podemos ajudá-lo. Não confia em nós?

O advogado pareceu envergonhar-se, pediu desculpas aos companheiros.

— Desculpem-me, pois não sei o que aconteceu comigo. De repente, senti remorsos pela forma como tenho enganado minha esposa. Não estou sendo justo com ela. Hoje também fiz uma coisa muito ruim que me abalou demais. Tive que despedir aquela garota que eu estava gostando tanto. Mas, por favor, não comentem com ninguém que me viram chorando, está bem? Vou me recuperar.

— Pode ficar tranqüilo, doutor, não comentaremos nada a ninguém, não é, Hefesto? O doutor é gente fina e nosso amigo acima de tudo. Mas o melhor para esquecer os problemas é mulher, não é mesmo?

A um gesto de Érebo surgiu uma dançarina que, segundo me informou Alexandre, fazia parte da equipe de Polifemo. Obedecendo ao impulso e ordenação de Érebo, começou a dançar para Henrique, envolvendo-o em vibrações de desejo arrebatador. Em poucos minutos, vimo-lo totalmente entregue aos carinhos da dançarina, esquecendo-se totalmente de qualquer problema ou pensamento mais elevado.

Retornamos à residência de Deolinda, enquanto Alexandre me esclarecia:

— Deolinda e Henrique são espíritos compromissados entre si há muitos séculos. Viveram existências passadas em terras da Espanha e Portugal, reencarnando posteriormente no Brasil. Caminharam juntos e foram cúmplices em muitos empreendimentos escusos. Entretanto, Deolinda conseguiu se desprender e com grande esforço, determinação, renúncias, sofrimento e sacrifícios, logrou efetuar importantes conquistas de espírito. Nesta existência, veio com a missão do sagrado mandato da mediunidade a serviço de Jesus! Como nos informou sua genitora, deixou-se levar pelo ócio e comodismo, embora tivesse plena consciência de suas responsabilidades. Como parte de sua missão, haveria de contribuir para o resgate espiritual de Henrique, espírito endurecido e recalcitrante nas missões que lhe foram confiadas. Para ajudá-la em sua missão, receberia no seio de seu lar, como filha querida, um espírito amigo de outras existências, que seria o sustentáculo e fator determinante na libertação de Henrique. Trata-se de Carolina, a garota da creche que Deolinda se apaixonou por reconhecê-la, em seu íntimo, como alma querida de outras vidas. Embora tenha um problema de bloqueio estéril, o exercício do bem e da abnegação levariam Deolinda a um estado mental criativo e positivo que, no momento certo, provocaria o desbloqueio, proporcionando uma gravidez abençoada, que traria ao seu lar o motivo necessário para o estímulo que Henrique necessitava para erguer-se novamente para o caminho do bem.

Eu fiquei pensando comigo mesmo a respeito do problema de muitos casos de esterilidade feminina, a exemplo do que o

Instrutor me elucidara, pois havia acompanhado casos interessantes em que o casal não consegue ter filhos e resolvem adotar uma criança. Após algum tempo, alcançam a gravidez tão desejada, como uma bênção de Deus. Os médicos, na maioria das vezes, ficam perplexos, pois não têm explicações plausíveis e lógicas para o fenômeno, mas tratam-se de bloqueios que são vencidos pela abnegação, amor e desprendimento da criatura quando abre o coração e a mente para a adoção. Exorta-nos o Evangelho, que devemos buscar o Reino de Deus, que o restante virá como acréscimo. Alexandre permitiu-me alguns minutos para meditação e anotações, retornando à explanação:

— Pois bem, Henrique reencarnou atrelado a sérios compromissos do passado, que o mantém jungido a companheiros que o direcionam para o lado oposto ao que pretende a esposa abnegada. Henrique não percebe, mas sua vida tornou-se um joguete nas mãos de nossos irmãos menos felizes, pois oferece vasto campo para atuação obsessiva, de forma que sua vida material assemelha-se qual um barco de papel ao sabor das correntezas mais fortes, que se prolonga através do desprendimento do corpo físico durante o sono. Se compraz com as estripulias dos companheiros irresponsáveis e vingativos que, por sua vez, se divertem com sua desgraça. Desta maneira, torna-se difícil qualquer intervenção, pois tanto obsessores quanto obsediado mantém estreita sintonia e muitas vezes torna-se difícil identificar quem está obsediando quem. Interessante observar que nos momentos em que Hefesto e Érebo não estão ao lado de Henrique, ele os chama de forma insistente através do pensamento inconsciente. Assemelha-se ao metabolismo físico do dependente químico, que exige a presença da droga para encontrar o equilíbrio no desequilíbrio. É um relacionamento mórbido e angustiante que obsessores e obsediados criam entre si. Se por acaso ocorrer um afastamento abrupto, o lado mais fraco entrega-se ao desespero e à loucura, pois nesta simbiose estranha alimentam-se reciprocamente numa permuta de energias deletérias, asfixiantes viciadas e perigosas.

Eu estava extremamente impressionado com o alcance e a profundidade dos conceitos que o Instrutor me transmitia a respeito do relacionamento entre obsediados e obsessores. Ah! – pensei comigo mesmo – se as criaturas humanas pudessem compreender as terríveis armadilhas que tecem para si mesmas quando agasalham os maus pensamentos e as más tendências, assustariam-se, pois certamente não estão pensando apenas por si. Se pudessem identificar nestes pensamentos desequilibrados e perigosos quem são seus autores e buscassem auxílio no amor, na caridade, no perdão das ofensas, na paciência, na tolerância, no trabalho digno e construtivo, descobririam que em Jesus e no Evangelho do Mestre está a resposta para romper os fios de intrincadas teias obsessivas que nos mantém prisioneiros de nossos próprios descalabros. Alexandre sorriu-me com benevolência tal qual um mestre complacente com o aprendiz sedento que encontra a fonte de água cristalina.

— Tens razão, Virgílio, no processo obsessivo podemos envidar nossos melhores esforços em favor de nossos irmãos necessitados, mas de nada adianta nosso melhor concurso se não houver disposição favorável de obsediados e obsessores. O obsediado tem que estar consciente que deve fazer grande esforço em melhorar-se, vencendo suas tendências negativas, e não apenas isto, mas também arregaçando as mangas e trabalhando em favor do bem, perdoando, amando, servindo e estudando o Evangelho e os conceitos da Doutrina dos Espíritos que ilumina e liberta. Não existe passe de mágica em que o obsediado simplesmente passa por longo tratamento de desobsessão na expectativa de que seus perseguidores sejam afastados para locais remotos, de onde jamais possam retornar para importuná-lo e ele possa continuar com sua vida descompromissada e tortuosa tal como era antes. Devemos ainda analisar a obsessão como algo positivo, pois possibilita ao obsediado a oportunidade de resgatar-se a si mesmo, evoluir e reconciliar-se com seus adversários do passado. Se analisarmos por este ângulo, a obsessão é uma valiosa oportunidade de aprendizado e nossos irmãos obsessores, nossos benfeitores.

Eu encontrava-me feliz pela oportunidade de aprendizado. Tomava cuidado para não perder considerações tão importantes em minhas anotações, a fim de que pudesse, posteriormente, transmitir com fidelidade os ensinamentos de Alexandre.

Neste momento, notei que o quarto do casal se iluminou pela presença de nossa querida irmã Dináh, que retornava do passeio com a filha. Notei que Deolinda se manifestava maravilhosa em sua aura equilibrada. Trazia nas mãos belíssima rosa cujo perfume recendeu inundando o ambiente de perfume agradável aos nossos sentidos. A amorosa mãe depositou delicado ósculo na fronte da filha, que retornou ao corpo físico, enquanto a flor se desintegrava incorporando-se em forma de energias revigorantes, situando-se especificamente na região do centro do plexo cardíaco de Deolinda.

Diante de minha admiração, a mãe de Deolinda esclareceu-me com um sorriso:

— Foi um presente que minha filha recebeu no jardim da paz oferecida por um amigo muito querido! Uma rosa perfumada que ela acolheu em seu coração para que se fortaleça nos dias que virão de provas e renúncias. Estaremos com ela para ampará-la, e tenho certeza que irá vencer com Cristo em seu coração.

Alexandre e eu concordamos com Dona Dináh, despedimo-nos em seguida. Enquanto o corpo perispiritual de Deolinda repousava serenamente em equilíbrio com o corpo denso, Henrique ainda se deleitava com seus companheiros. Seu corpo somático se debatia sobre os lençóis, como reflexo das impressões que recebia pelos cordões fluídicos do espírito qual pássaro cativo de si mesmo.

O LÁTEGO IMPIEDOSO

Elídia vivia dias tormentosos. Já havia transcorrido mais de cinco meses desde que havia rompido com Henrique e seus sentimentos estavam confusos. Às vezes sentia saudades, para, em seguida, odiá-lo com todas as suas forças. Acompanhava dia-a-dia o crescimento do volume em seu ventre e, em sua desventura, acariciava o pequeno ser que abrigava em suas entranhas. Aquele filho querido haveria de lhe dar forças para superar todos os obstáculos do mundo. Quando viesse à luz, seria seu companheiro, ser do seu ser. Haveria de tudo fazer para que o filho pudesse crescer com alegria no coração pois, apesar de todos os pesares, viver valia a pena.

Não, não podia odiar, apesar de encontrar-se arrasada, magoada e profundamente decepcionada com a atitude canalha de Henrique, sentia no íntimo que não poderia odiá-lo. Pressentia que em seu coração dificilmente encontraria lugar para outro homem, tão decepcionada se encontrava, mas o filho haveria de preencher este espaço vazio, seu amor seria sublimado pelo sentimento materno. Ah! Isto Henrique não teria como roubar dela. Poderia ser a mais miserável das criaturas, mas teria o amor mais puro do universo! Não haveria dinheiro suficiente no mundo para comprar este sentimento que ela teria com o filho nos braços.

Seu pensamento viajava no futuro vendo o filho correndo feliz para seus braços, imaginava-o pronunciando as primeiras palavras. Antecipava sua felicidade fechando os olhos, fantasiando em sua imaginação quando o filho pronunciasse a palavra "mamãe". Seria sua felicidade suprema.

Assim pensando, Elídia acariciava a barriga, enquanto o filho parecia participar dos sentimentos da sua desventurada mãezinha, pois quando colocava a mão, o bebê respondia se mexendo, como que dizendo: "Mãezinha, estarei sempre contigo. Não chore, conte comigo pois eu serei a alegria de seus dias".

Assim pensando, Elídia passava os dias. Adormecia entre lágrimas e acordava sorrindo com os sonhos enfeitando sua existência na esperança imorredoura de que o filho fosse o grande tesouro a lhe enriquecer os dias atribulados. Tinha confiança no futuro, na esperança que haveria de encontrar um trabalho digno e honesto para sustentar o filho, mas a realidade do dia-a-dia tornava-se cruel demais.

Apesar da gravidez avançada, procurava trabalho, mas todas as portas se fechavam. Ninguém queria saber de compromissos contratando uma moça grávida. Batia de porta em porta oferecendo-se até para faxina, mas ninguém ousava oferecer-lhe uma oportunidade. Como poderia fazer tarefas pesadas barriguda? – perguntavam. – Não, infelizmente não podemos admitir nem que seja em condições temporárias, pois a senhora poderá nos criar problemas depois – argumentavam outros.

Ainda tinha algumas reservas financeiras, mas não duraria muito tempo. Tinha que pagar aluguel, comprar o enxoval do bebê, e procurar acompanhamento médico. Lembrou-se do "Amparo Maternal" na Vila Mariana, em São Paulo, e para lá se dirigiu. Encontrou apoio e abnegação com pessoal de enfermagem atencioso e o médico já idoso, de aspecto venerável e respeitoso. Solícito a examinou com carinho e respeito. Elídia, que até então ouvia apenas palavras negativas a lhe solaparem a confiança, recobrou a confiança agradecendo a Deus, sentiu-se confortada com a atenção que ela e o bebê foram objetos. Após o resultado da ultrassonografia, o médico avisou-a sorridente:

— Quer saber o sexo da criança, minha filha?

O tom carinhoso do facultativo fizeram-na chorar de emoção. Como era bom receber um tratamento digno e respeitoso. Fitou demoradamente sua fisionomia com rugas que o tempo haviam marcado na qual se destacavam os olhos azuis profundos e os cabelos brancos como se fôra um enviado de Deus. Grossas lágrimas desceram dos olhos, molhando seu rosto. Com a voz sumida pela emoção respondeu:

— Sim, doutor, gostaria imensamente. Poderia me dizer?

— Minha filha, você será mamãe de um lindo menino. Vou lhe dar uma ficha. Venha todo mês que este garoto eu quero ver nascer.

— Obrigada, doutor. Somente Deus poderá lhe pagar por tudo que está fazendo por mim.

— Deus já me recompensou sobejamente nesta vida, minha filha. Deus já me recompensou e Ele sabe disso.

Ficou envergonhada por tomar mais o tempo do esculápio. A sala de espera estava aglomerada de tantas gestantes que o doutor deveria atender. Mas ao sair, quis saber o nome do médico.
– Dr. Caio, respondeu uma atendente. É um médico muito querido por todos nós.

Resolveu mudar-se do apartamento, encontrou um pequeno imóvel com apenas quarto e cozinha próximo ao Amparo Maternal, sabia que suas chances de encontrar trabalho seriam muito remotas, e, por outro lado, necessitava fazer economia para que pudesse suportar pelo menos até o filho nascer e chegar aos seis meses. Queria ficar com o menino o máximo que pudesse, depois teria que procurar trabalho.

Nas horas mais difíceis, lembrava com saudades de seu lar no interior, recordando a figura carinhosa da mãe e a imagem austera do pai. Mandava cartas de vez em quando dando notícias, dizendo que tudo estava bem. Ansiava saber como estavam seus pais, nunca obtinha resposta. Quem sabe um dia, se as coisas melhorassem, pudesse visitar os pais e apresentar o filho que estava por nascer? Como reagiria seu pai?

Lamentava-se profundamente lembrando como um erro havia gerado uma sucessão de conseqüências tão funestas, pensava consigo mesma. Se tivesse sido mais cuidadosa em seu relacionamento com José Pedro, tudo poderia ter sido diferente.

– Mas – pensava – não podia se queixar. Infelizmente se deixara enganar mais uma vez por um galanteador. Como podia ter adivinhado as intenções escusas de Henrique? Parecia tão sincero, meu Deus!

O tempo passou de forma lenta e monótona para Elídia que sofria em silêncio, conversando longamente com o filho no ventre. Parecia que o bebê a compreendia, nos dias de maior agonia o garoto se remexia agitado e, quando ela estava mais tranqüila, acariciava a barriga percebendo que a criança manifestava também tranqüilidade.

Já estava no oitavo mês de gestação e tudo corria bem. Mensalmente o Dr. Caio a examinava, prescrevendo medicação e vitaminas que Elídia seguia religiosamente. Um dia, enquanto escrevia uma carta para sua mãe, recordou que ainda não havia escolhido um nome para o garoto. Sim, que nome daria? Ah! Como seria bom ter um companheiro leal ao lado para trocar idéias e sonharem juntos, mas fazer o que? Gostava do nome Marcelo. Sim, porque não? Chamar-se-ia Marcelo e o chamaria carinhosamente de Marcelinho.

Assim aconteceu. Após o nascimento registrou o garoto com o nome de Marcelo. O garoto era lindo! Tinha os olhos esverdeados que lembravam o avô. Elídia abraçava e beijava a criança em transportes de ternura e carinho, pensado que certamente seu pai ficaria feliz um dia ao conhecer o neto e ver que parecia com ele.

Uma vizinha condoída com a condição de Elídia a auxiliava nas tarefas nos primeiros dias. Era uma senhora viúva na casa dos sessenta anos, mas muito simpática e atenciosa que, sem julgar nem questionar, ofereceu-se para preparar canjas para a venturosa mãe. Fizeram uma amizade bonita e sincera. Diariamente a vizinha a procurava de manhã para lavar a roupa e ajudar a trocar o bebê. Chegava ao portão e chamava:

— Bom dia, dona Elídia!

— Bom dia, dona Noêmia. Por favor, pode entrar que a casa é sua.

— Como está hoje o nosso homenzinho? – dizia acariciando o garoto.

— Ah! Dona Noêmia, a senhora poderá até achar que sou mãe coruja, mas esta criança é especial. Não me dá trabalho nenhum. Não chora e dorme a noite inteira. Só resmunga um pouco quando está com fome, mas é só oferecer o seio ou um chá de erva-doce que ele dorme novamente. É um anjo que Deus enviou-me para auxiliar-me nesta vida tão atribulada.

— Tem razão, dona Elídia. Os filhos são uma bênção que Deus nos envia. Com certeza Marcelinho será um bom filho e vai lhe dar muitas alegrias.

— Deus te ouça, dona Noêmia. Vou dizer-lhe uma coisa, poderá até achar que eu sou maluca, mas acho que Marcelinho é alguém muito especial para mim. Todas estas noites fico olhando-o e vem uma sensação ruim em que imagino a possibilidade de acontecer algo e eu perdê-lo.

— Ora, Dona Elídia, afaste estes pensamentos negativos. Pense que seu filho irá crescer, transformar-se em um belo moço, inteligente e saudável. Que terá um futuro brilhante. Pense desta forma, plasmando coisas positivas para Marcelinho. Vou dizer-lhe algo que nunca havia dito antes: eu sou espírita. Não, por favor, não se assuste, pois as pessoas que não conhecem o Espiritismo fazem idéia errônea da Doutrina dos Espíritos. Mas quando mencionou que ele é alguém muito especial, posso assegurar-lhe que realmente ele é muito especial. Sinto que seu filho é um espírito amigo de outras vidas e veio nesta existência para ser seu consolo.

Elídia abraçou o filho com carinho, beijando-o emocionada. O amor que sentia por aquele pequenino ser que abrigava em seus braços era sublime. Se fosse necessário, daria a vida pelo filho, seria capaz de qualquer sacrifício para vê-lo feliz. Sim, sua vida seria dedicada para que Marcelinho pudesse ser um homem de bem e que pudesse ter um futuro digno. Era a razão de sua existência. O que mais lhe importava na vida?

Assim o tempo foi passando. Aos seis meses de idade, o garoto era gracioso e ensaiava os primeiros sorrisos quando Elídia fazia carinho em suas bochechas. O minúsculo cômodo onde viviam mãe e filho era um paraíso, pois lá habitava o amor mais puro, o sentimento mais sublime, o afeto de mãe e filho. Dona Noêmia sempre presente tornou-se a amiga inseparável, a conselheira e a mãe que Elídia desejava.

Foi com grande tristeza no coração, por ter que deixar Marcelinho, que Elídia começou a procurar trabalho, já não tinha mais alternativas. O dinheiro havia se acabado necessitando encontrar uma colocação urgente. Seu consolo era que Dona Noêmia ficaria com o filho em sua ausência, sabia que a amiga adorava o garoto e cuidaria dele com carinho.

Na procura por trabalho, Elídia percebeu que começava sua *via crucis*. Semanas e semanas batendo de porta em porta e nada. Tudo estava difícil e o tempo urgia, já não tinha mais recursos para pagar o aluguel, a alimentação e as fraldas de Marcelinho. O desespero começou a tomar conta de seu coração. Dona Noêmia percebeu a aflição de Elídia e dispôs-se a ajudá-la, mas também vivia com parcos recursos e uma minguada aposentadoria. A situação começava a ficar desesperadora após um mês de procura incessante sem resultados positivos, quando um dia, parada na rua, esperando que o sinal verde permitisse atravessá-la, parou reluzente carro ao lado. Enquanto o sinal abria para sua travessia, percebeu que o vidro baixou e um homem a observava atentamente. Elídia continuava muito bela e sua presença realmente chamava a atenção. O homem chamou-a estendendo um cartão:

— Garota, você é muito bonita, procure-me neste endereço, tenho uma proposta de emprego a lhe fazer. Venha ainda hoje, estou precisando de alguém como você. Poderá ganhar muito dinheiro.

Elídia ficou boquiaberta enquanto o sinal abriu e o carro arrancou, seguindo em frente. Segurava na mão uma proposta de emprego: como poderia ser aquilo? Uma resposta do céu para sua situação de desespero? Feliz, retornou rapidamente para casa para contar a novidade a dona Noêmia. Olhava o cartão, todo sofisticado, tentando imaginar onde era aquela rua. Estava ansiosa e entusiasmada ante a possibilidade de poder trabalhar, ganhar o sustento para seu filho. Qual seria o trabalho? Deveria ser algo muito bom, porque o homem havia lhe dito que iria ganhar um bom dinheiro.

Chegando em casa, abraçou feliz o filho e a amiga:

— Noêmia, você nem imagina o que me aconteceu: um carro parou na rua e um homem disse que gostou de mim, deu-me este cartão para que eu o procure neste endereço, quer oferecer-me um emprego. Ah! Disse mais: que eu posso ganhar um bom dinheiro! Não é maravilhoso?

— Nossa Elídia, realmente ofertas de emprego não caem assim do céu. Como isto pôde ter acontecido?

— Eu também estou abismada, mas o fato é que aconteceu. Eu tenho pedido tanto a Deus. Seria uma resposta às minhas preces?

Dona Noêmia estava desconfiada. Emprego era algo tão difícil de se conseguir, mas não podia desanimar a amiga.

— Deixe-me ver o cartão Elídia. Huumm, eu conheço esta rua, não é longe daqui. Vou te orientar como pode ir até lá. Não custa nada ver o que se trata, não é mesmo?

— Vou hoje mesmo, Noêmia. Meu Deus, estou tão desesperada, quem sabe eu possa começar logo o trabalho. Já estamos no final do mês e não tenho o dinheiro do aluguel.

— Isto, minha filha, vá ver com os próprios olhos. Quem sabe realmente seja algo interessante, não é mesmo?

Assim fez. Elídia vestiu-se com o melhor vestido que tinha, arrumou-se e, antes de sair, abraçou dona Noêmia e beijou o filho. Quando chegou ao endereço indicado, defrontou-se com imponente sobrado em região de classe média. Tocou a campainha do interfone, ouvindo uma voz metálica do outro lado:

— Pois não?

— Boa tarde, estou a procura do Dr. Horácio, – disse lendo o nome no cartão.

— Quem deseja falar com ele? – questionou a voz metálica.

— Meu nome é Elídia. Diga ao Dr. Horácio que eu sou a moça que ele deu o cartão na rua.

Passaram-se alguns minutos. Elídia ouviu um estalo que indicava que o portão estava aberto, enquanto a voz orientava:

— Pode entrar. O Dr. Horácio a aguarda.

Entrou. Enorme sala de vidro escuro espelhada, cuja porta se abriu ao leve toque de sua mão, denunciava que a residência era de alto padrão. Na recepção uma moça a atendeu:

— Por favor, Dona Elídia, queira sentar-se e aguardar. O Dr. Horácio está atendendo outra pessoa, mas logo falará com a senhora.

Enquanto aguardava, Elídia observava o ambiente. Estava assustada. Tudo ao seu redor demonstrava luxo. Poltronas confortáveis, quadros na parede que retratavam belíssimas mulheres semi-nuas, revistas sobre a mesa de centro. Seu coração estava descompassado. Precisava trabalhar, mas sentia uma certa preocupação invadir-lhe a alma. Folheou algumas revistas para distrair-se mas não conseguia. Transcorridos uns trinta minutos, observou que desceu pela escada uma moça sorridente de gestos insinuantes. Despediu-se da atendente e saiu. Em seguida tocou o ramal interno. Ato contínuo, a recepcionista orientou Elídia:

— Pode subir. O Dr. Horácio a aguarda. Primeira sala à direita.

Dr. Horácio, pensava Elídia. Seria um médico, um advogado? Chegando à sala indicada, bateu levemente com os dedos, ouvindo uma voz:

— Pode entrar.

Quando entrou, observou ampla sala, enorme e aconchegante sofá e uma grande escrivaninha ao lado da janela. O homem levantou-se e Elídia pôde observar que era de meia idade, gordo, mas trajado de forma elegante e com apuro. Fumava um charuto fumarento.

— Boa tarde, Elídia, cumprimentou-a com intimidade. Realmente você é muito bonita. É de garotas assim que estou precisando.

— Boa tarde, Dr. Horácio. Confesso que estou curiosa por saber qual a proposta que irá fazer-me – respondeu a moça com desenvoltura.

— Ah! Vejo que além de linda, é inteligente. Por favor, não me chame de doutor, pois isto é coisa de puxa-sacos – respondeu.

Elídia sentiu-se um tanto quanto constrangida com o linguajar daquele homem. Lembrou-se de Henrique que havia lhe dito a mesma coisa, para não chamá-lo de doutor e deu no que deu. Horácio continuou:

— Pois bem, sou um homem prático. Vamos direto ao que interessa. Sou proprietário de uma casa noturna e preciso de uma garota como você. É de alto nível, onde só freqüentam executivos e empresários. Posso lhe garantir que as melhores que trabalham comigo têm retiradas substanciais, como jamais imaginou em sua vida.

— Como? Explique-se melhor, Sr. Horácio: o que exatamente terei que fazer? Qual é o meu trabalho?

— Ah! Você é uma garota inteligente. Não me diga que não sacou. Você será uma de minhas dançarinas e atenderá meus clientes. Apenas isto e ganhará muito dinheiro.

— Atender seus clientes? Dançar? Mas eu nem sei dançar.

— Isto não é problema. Passará por um treinamento e em poucos dias estará evoluindo com passos perfeitos que irão enlouquecer qualquer um. Terá que conversar com os freqüentadores, distraí-los, fazer com que consumam bebida, enfim, ser uma companhia agradável. Normalmente são clientes à procura de entretenimento, querendo esquecer seus problemas. Minha casa oferece isto.

Elídia não estava gostando do rumo daquela conversa.

— E se algum *"cliente"* se exceder? Se quiser avançar o sinal?

— Ora, ora, você simplesmente deverá atender os desejos do cliente. Sua função será esta, alegrar as pessoas e se alguém quiser algo mais, deverá atendê-lo e logicamente ganhará com isto. Esta será sua função, repetiu.

— Me desculpe Sr. Horácio, mas não posso aceitar esta sua proposta. Quer dizer então que minha função é vender meu corpo? Serei então uma prostituta de luxo? – retrucou Elídia, ofendida.

— Eu não usaria este termo, garota. É muito pesado. Diremos que você é uma bailarina, uma especialista em massagens. Não fica melhor assim?

— Desculpe-me mas não posso aceitar sua proposta. Até logo e passe bem – disse levantando-se e fazendo menção de se retirar.

— Escute aqui garota – respondeu sério, Horácio. Não seja orgulhosa nem ingênua. A vida é dura e temos que enfrentá-la. Fique à vontade, mas não despreze ninguém, nem condene, não sabe se amanhã não estará também precisando fazer este "trabalho". Entretanto, fique à vontade. Pense mais um pouco. Se tomar uma decisão favorável, procure-me novamente. Minha casa terá sempre um lugar para você. Volte quando quiser.

Chegou em casa sentindo-se mal. Meu Deus e se não tivesse alternativa? Contou o caso a Noêmia. A amiga, ponderada, procurou acalmá-la:

— Tenha confiança em Deus, Elídia. Ele haverá de te amparar, não desanime. Continue procurando trabalho, verá que irá aparecer algo bom com que possa ganhar a vida honestamente.

— Concordo contigo, Dona Noêmia, mas o tempo urge. Não tenho dinheiro para pagar o próximo aluguel. Se Marcelinho ficar doente? Se precisar de remédios?

— Elídia, você sabe que não tenho muitos recursos, que o dinheiro de minha aposentadoria é pequeno, mas se precisar de algo em alguma emergência, tenho um dinheirinho na poupança.

— De jeito nenhum, Dona Noêmia. Não vou permitir que a senhora tire da poupança o dinheiro que juntou com tantos sacrifícios.

— Se houver alguma emergência, não me custa nada, Elídia. Foi para isto que juntei: para que algum dia pudesse usá-lo em situações que se justificassem.

Elídia abraçou a amiga, emocionada. Tinha que lutar e acreditar na vida. O filho era a razão de seus dias e uma amiga verdadeira lhe dava forças e coragem para continuar lutando. Com os olhos molhados de lágrimas, agradeceu:

— Obrigada, Noêmia. Você me dá coragem, é uma verdadeira amiga, uma irmã, uma mãe. Obrigada, de coração. Espero realmente não precisar e se precisar, não tenha dúvidas que haverei de devolver.

Marcelinho exigia a atenção da mãe. Talvez estivesse com a fralda molhada, ou com fome, mas o garoto chorava e Elídia pegou-o no colo oferecendo-lhe o seio. Notou que a respiração do menino estava cansada. O que seria? Depois de alimentado e fraldas trocadas, adormeceu como um anjo. A orgulhosa mãe olhava com amor o filho que parecia gozar de boa saúde. As bochechas rosadas e os cabelos pretos realmente lembravam o avô.

Os dias que se seguiram foram tormentosos. Realmente as coisas não estavam bem para Elídia. Teria que pagar o aluguel em breve, mas não aparecia nenhuma possibilidade remota que fosse para trabalho. Retornava para casa extenuada, o desânimo fazia com que nem tivesse mais vontade de conversar com sua amiga, temia que realmente fosse obrigada a pedir dinheiro emprestado para Noêmia antes do que ela imaginava. Isto era para Elídia pior que a morte, sentia-se envergonhada ante esta possibilidade. Quando se deitava experimentava a sensação que torturante látego a havia chicoteado, tal seu estado de prostração.

Realmente foi o que aconteceu. No dia do pagamento do aluguel, morta de vergonha, falou com sua amiga, mas Noêmia poupou-a do constrangimento:

— Elídia, minha amiga, não precisa ficar envergonhada. Eu sabia que iria precisar por isto até já fiz o saque no banco. Tome, — disse entregando-lhe o dinheiro. - tem até um pouco mais, sei que está sem dinheiro até para comprar as coisas que Marcelinho precisa. Vamos minha amiga, - disse encorajando-a, — não desanime, continue, te quero muito bem e ao Marcelinho nem preciso dizer. Pense que é um empréstimo, quando puder, sei que me devolverá.

— E se demorar para eu arranjar um emprego, Noêmia?

— Não se preocupe com isto. Não tenho pressa e se precisar de mais alguma coisa, é só pedir.

Elídia agradeceu a amiga e continuou sua luta em busca de trabalho. A situação estava desesperadora, sentia-se inútil, incompetente. Será que ninguém poderia dar-lhe uma chance? Certo dia, passou diante de uma bela casa que mais parecia uma mansão na região sul de São Paulo. Tocou a campainha e novamente ouviu uma voz metálica do interfone:

— Quem é?

— Meu nome é Elídia, estou a procura de trabalho.

— Foi a agência que te mandou?

— Não, eu estava passando pela frente e resolvi perguntar, pois estou precisando trabalhar.

— Não, infelizmente nada podemos fazer, só pegamos pela agência.

— Por favor, pelo amor de Deus, eu tenho todas as qualificações que vocês possam desejar, dê-me uma oportunidade...

A voz de Elídia era uma súplica comovente. O silêncio de alguns segundos pareciam horas intermináveis, aumentando seu nervosismo e agonia. Por fim a voz respondeu:

— Está bem, entre que Dona Margarida irá atendê-la.

Realmente a casa era grande e impressionou Elídia. Foi conduzida a uma sala cheia de livros que imaginou ser um local de estudos, uma biblioteca. Uma senhora de aspecto aristocrático e olhar severo a atendeu:

— Bom dia, cumprimentou-a com formalidade. - Sente-se por favor. Estou abrindo uma exceção, só admitimos empregados mandados pela agência. Espero não me arrepender. Seus documentos, por favor?

Elídia estendeu-lhe a carteira profissional.

— Trabalhou pouco, sua experiência não é das melhores. Estamos precisando de uma faxineira. Ah! Vejo que trabalhou no escritório do Dr. Giácomo! Vou ter que tirar informações suas, minha filha. Vejo que trabalhou como servente e depois foi promovida à recepcionista. Muito bem, parece-me que tem potencial e é muito bonita. Como pode se submeter ao trabalho de faxineira?

— Desculpe-me, Dona Margarida, é uma história longa e sofrida...

Elídia sentiu que um nó fechou sua garganta embargando sua voz. Abaixou a cabeça e começou a soluçar. Lágrimas abundantes desciam pela sua face e acabaram por comover aquela mulher que mais parecia ser talhada em mármore, tal sua postura fria e aparentemente insensível.

— Está bem minha filha, se isto a machuca tanto, não precisa contar agora. Um outro dia, quem sabe? Deve estar precisando muito, não é verdade? Pois bem, vou acreditar em você, a vaga é sua. A governanta vai orientá-la quanto aos exames médicos, mas um dia iremos conversar, está bem?

Proferidas aquelas palavras, Dona Margarida retornou sua postura de mulher fria e calculista. Tocou uma sineta e imediatamente atendeu solícita governanta com fisionomia de sargento:

— Às suas ordens, Dona Margarida.

— Helga, Elídia é nossa nova faxineira. Instrua-a sobre os exames médicos e documentos.

— Mas, Dona Margarida, esta moça não foi enviada pela agência.

— Helga, não estou lhe perguntando nada. Eu a contratei e pronto. Agora faça o que lhe mandei!

— Dona Margarida, é minha responsabilidade orientá-la sobre os empregados admitidos. Nem tirou informações desta moça!

As ponderações de Helga pareceram irritar a dona da casa que respondeu em tom equilibrado mas carregado nas palavras:

— Helga, ninguém melhor que eu sabe das suas responsabilidades. A decisão é minha e não tenho que lhe dar satisfações, agora trate de providenciar o que lhe mandei e nem mais uma palavra!!

A governanta olhou para a recém-contratada quase que com ódio. Percebia-se que estava contrariada com a atitude da patroa, mas não tinha o que fazer a não ser obedecer. Elídia não gostou do rumo daquela conversa, percebendo que nem começara a trabalhar e já havia arrumado uma inimiga.

Entretanto, havia enfim encontrado trabalho. Retornou feliz para casa, estava ansiosa para contar à sua amiga a boa notícia. Encontrou-a com Marcelinho nos braços. O garoto estava choroso, parecia resfriado, febril, com a respiração ofegante e cansada. Elídia estava alarmada, era a primeira vez que via o filho tão amolado, pois nem o seio queria.

— Meu Deus, vou procurar um médico, Noêmia.

— Vou contigo, minha amiga. Não se alarme, pois não haverá de ser nada!

Foram a um hospital público das imediações onde se formava extensa fila de necessitados. Após longa espera, foram atendidos por solícita médica que examinou detidamente o garoto, pediu radiografias juntamente com outros exames. Depois de horas chamou Elídia:

— Minha senhora, seu filho está com pneumonia. Estou receitando os medicamentos e será tratado. Fique calma, é uma doença que a maioria das crianças tem. Entretanto, suspeito que seu filho tenha problemas de pulmão mais sérios. Com os exames que solicitei estarei investigando, mas acho que ele tem bronquite asmática.

— Meu Deus - exclamou desesperada. - O que isto significa, doutora?

— Acalme-se mãe, pois é uma doença que, bem controlada, seu filho poderá levar uma vida praticamente normal. Deverá estar sempre atenta às crises e medicá-lo no momento certo. Estaremos fazendo novos exames, tentando identificar a causa da alergia que provoca a crise de seu filho.

Elídia agradeceu a médica retornando para casa com o coração oprimido pela angústia. Como poderia trabalhar com o filho daquele jeito? Com quem o deixaria? Dona Noêmia, adivinhando a angústia da amiga, ofereceu-se solícita:

— Minha amiga, sei que estás preocupada com Marcelinho. Terá que trabalhar e não sabe com quem deixá-lo, não é verdade? Pois eu já lhe disse anteriormente que poderia deixá-lo comigo, não disse? O menino ficará comigo e poderá trabalhar tranqüilamente que eu cuidarei como se fosse meu netinho querido. Está bem?

Assim transcorreram os dias. Elídia começou a trabalhar na residência de Dona Margarida e desde o princípio as coisas pareciam extremamente difíceis. Helga procurava de todas as formas complicar seu trabalho. Elídia já havia aprendido que quem necessita do trabalho não deve resmungar e procurava atender as exigências absurdas da governanta que a tratava com impiedade e desprezo. Diariamente, sentia que Helga a submetia a situações de constrangimento e trabalhos absurdos, procurando sempre um motivo para exigir que refizesse todo serviço já executado. Elídia sentia-se como que açoitada por impiedoso látego a torturar-lhe o corpo e a alma. Sofria as humilhações silenciosamente, porém, quando chegava em casa, tinha o carinho de Noêmia e os beijos do filho. Isto compensava toda sua desventura.

PRECIOSA FERRAMENTA

Confesso que ansiava por notícias, pois estivera ausente durante o período de quinze meses, envolvido em importante estágio de estudos junto a um grupo de resgate no Vale dos Suicidas. Quando retornei, Alexandre me aguardava para prosseguirmos nos estudos da sensibilidade humana. Aquela noite, estaríamos de volta ao Núcleo de Trabalho comandado por Irmão Cláudio.

Segundo me informou o Instrutor Alexandre, era uma ocasião festiva, pois chegara ao término mais uma das escolas de médiuns. Queria saber as novidades, de forma que proferi uma saraivada de perguntas ao Instrutor, que sorria complacente diante de minhas perguntas:

— Alexandre, fale-me como está Cecília, como ficou sua situação com a família? E Renato, conseguiu se equilibrar em sua angústia sexual? Fale-me de Deolinda, desenvolveu sua sensibilidade mediúnica? E seu marido, como tem se comportado?

O Instrutor calmamente verificou as horas, respondendo-me em seguida:

— Temos tempo suficiente para atualizar suas anotações, Virgílio. Cecília já é mãe de um lindo garoto. Moreno de olhos verdes, o que mais um avô desejaria? O Dr. Ernesto, quando soube que a filha estava grávida, tomou a atitude mais sensata e coerente que um pai poderia tomar. Munido de muito amor no coração conversou demoradamente com a filha que, arrependida, chorava copiosamente. Foi digno em seu perdão, não humilhando ainda mais a filha rebelde. Envolvido por fluidos benéficos dos protetores, abraçou a filha de encontro ao peito. Havia comunhão de pensamentos simpáticos entre si e o desejo sincero de perdoar do amoroso pai, de modo que Cecília não precisou de reprimendas desnecessárias. Com o transcorrer dos dias, iria provar ao pai que realmente havia aprendido a lição, mudando completamente seu comportamento. Concluiu a escola de médiuns, prestou vestibular, obtendo aprovação para cursar uma das mais importantes faculdades de Direito da Capital. Atualmente, está namorando Jociano que sempre foi apaixonado por ela. O rapaz dedica-lhe tanto amor que resolveram casar-se em futuro próximo, adotando a criança como filho, para felicidade das famílias de Cecília e Jociano. Impedidos pelos estudos, ambos participam dos trabalhos mediúnicos somente nos finais de semana no Núcleo de Trabalho de Irmão Cláudio, felizes por estarem juntos no trabalho com Cristo.

Alexandre deu um espaço de tempo, enquanto eu fazia minhas anotações. Em seguida prosseguiu:

— Quanto a Renato, desenvolveu belíssima mediunidade de incorporação. Seus companheiros de algazarra foram atraídos pela própria armadilha, tal qual a luz atrai as mariposas noturnas. Nas primeiras incorporações, no final do estágio do desenvolvimento mediúnico, seus companheiros foram os primeiros a incorporar no próprio médium que os atraiu pela ligação mental, como o ímã atrai as limalhas de ferro. Para ira de Polifemo, ambos acabaram por ser doutrinados, passando por um período de tratamento, de forma que lhes permitiram libertar-se das energias negativas do sexo desvirtuado. Atualmente, estão em estágio de estudos, preparando-se para trabalharem juntamente com o médium, de forma que possam, através da mediunidade como ferramenta de amor e progresso, fortalecerem-se, preparando-se para novas oportunidades reencarnatórias. A melhoria de Renato serviu-lhes de exemplo, o rapaz apaixonou-se por uma das moças de sua turma da Escola de Médiuns. O amor transforma as criaturas, após se apaixonar por Celena, Renato entusiasmou-se despertando desejo sincero de modificar-se, devendo casar-se em breve. Seu maior desejo é constituir família e ter filhos. A verdade é que o rapaz abandonou por completo suas incursões noturnas. Seu genitor, feliz pelas mudanças observadas no filho, foi encaminhado para uma estância de recuperação e aprendizado.

Eu estava satisfeito com as notícias. Parecia-me que tudo estava se encaixando e tendo um final feliz. Quando o Instrutor mencionou que os obsessores de Renato estavam se preparando para trabalharem com o rapaz através da mediunidade abençoada, fiquei meditativo a respeito do assunto, na grande possibilidade de transformarmos inimigos seculares em amigos e colaboradores. A mediunidade oferece oportunidade maravilhosa de regeneração, em que transformamos nossos desafetos do passado em amigos, para juntos crescermos em consonância com a lei do amor e do progresso! A mediunidade realmente é uma preciosa ferramenta de amor e progresso do espírito, pensei comigo mesmo. E quanto a Deolinda e Henrique?

O instrutor prosseguiu em sua explanação:

— Quanto à filha de nossa querida irmã Dináh, está indo muito bem. Deolinda é uma das médiuns que está concluindo o curso na turma da Escola de Médiuns que hoje se finda. Sua sensibilidade que já era muito aflorada agora expandiu-se de forma maravilhosa. Além do mais, mesmo no período de estudos da Escola de Médiuns, Deolinda tem se dedicado às mais variadas atividades dentro do centro. O mais importante é que o faz com alegria no coração, como se tivesse que recuperar o tempo perdido. Sabemos todos nós que o tempo é um tesouro que não se recupera, mas as oportunidades são renovadas e a boa vontade do discípulo, sua disposição e o amor que se dedica às causas, granjeia a todos acréscimo de misericórdia. Assim está ocorrendo com Deolinda. Sua transformação íntima, sua dedicação, a elevação de seu padrão vibratório e de seus pensamentos, possibilitaram um retardamento da eclosão da doença que a trará para o nosso lado, liquidando dessa forma, importante débito do passado. Sua permanência na carne será por tempo necessário à transformação de seu companheiro, a partida de Deolinda representará para o esposo um divisor de águas em sua vida. Enquanto isto não acontece, Henrique, envolvido em pensamentos mesquinhos, procura viver os prazeres imediatos e fugazes, sem se importar em quem está pisando, carreando para si pesados compromissos que um dia haverá que quitar, seja pelo amor, seja pela dor, assim é a lei. Ultimamente, o advogado, em sua ânsia de prazeres irresponsáveis, envolveu-se com uma funcionária do escritório do pai de Deolinda. Seduziu a invigilante criatura com mentiras e promessas, engravidou-a e quando o assunto se tornou público, não teve compaixão nem escrúpulos para salvar a própria pele e em demitir a infeliz, lançando-a à rua da amargura. Sozinha e desamparada, Elídia deu à luz a um menino e luta desesperadamente para com dignidade manter o lar e a saúde do filho, que manifesta sérios problemas de ordem pulmonar. Em seu desespero, Elídia foi convidada para trabalhar em uma casa noturna onde poderia auferir substancial remuneração, mas sua índole e sua formação moral impediram-na de aceitar. No momento, trabalha em uma mansão localizada em região nobre da Capital, onde passa por todo tipo de humilhação por parte da governanta da casa, que adquiriu antipatia gratuita pela moça, pois não mantém ligações do passado. Elídia tem lutado bravamente e sofrido em silêncio, não sabendo até onde poderá resistir. É um valoroso espírito e a presença do filho tem mitigado suas dores, bem como a amizade de uma amiga que tem estado ao seu lado solidária aos problemas de nossa irmã. Henrique será responsabilizado pelas conseqüências que advirão, inclusive se em momento de necessidade e desespero Elídia se desvirtuar. Após o episódio em que o sogro chamou-o as falas, suas relações com o pai de Deolinda nunca mais foram as mesmas. Todavia, isto não impediu que Henrique continuasse com suas trampolinagens e suas aventuras amorosas, apenas agora é mais cuidadoso. Às vezes, lembra-se de Elídia e do filho. Sua consciência começa a acusá-lo, mas ele refuta estes pensamentos, tem medo de enfrentar a realidade. Em seu íntimo, teme o momento em que terá que olhar para dentro de si mesmo e ouvir a própria voz da consciência, as verdades que ele insiste em ignorar. Sabe que este dia chegará e que arcará com as conseqüências de seus atos, mas procura protelar de todas as formas, vivendo o imediatismo dos prazeres mundanos enquanto pode. Entretanto, nem tudo está ruim com Henrique, tem sido mais atencioso com a esposa, apesar de suas peripécias extra-conjugais. Começa a aparecer de alguma forma a sensibilidade, percebendo que sua consciência o acusa e embora tenha feito ouvidos moucos aos apelos silenciosos da espiritualidade, já é uma manifestação que começa a despertar em seu íntimo sua sensibilidade e responsabilidade. Seus companheiros de algazarra estão atentos e percebem que, apesar de todo envolvimento, algo está se transformando de forma lenta mas inexorável e eles não têm como impedir. Exploram ainda suas fraquezas, seu lado inescrupuloso e escuro, pois isto é muito forte e latente no advogado. Entretanto, são espíritos inteligentes e muito bem orientados por Polifemo. Sabem que tudo tem um limite e da mesma forma que a noite tenebrosa e escura não consegue impedir as luzes de uma nova alvorada, têm eles consciência que não impedirão que Henrique um dia desperte para a realidade da verdadeira vida, do amor, da compreensão, do trabalho com Cristo. Tudo farão para explorar no advogado seus sentimentos inferiores, retardando ao máximo este dia. Trabalham com a possibilidade da ocorrência de que um infausto acontecimento coloque a perder o esforço de Deolinda e da espiritualidade que trabalha para a recuperação de Henrique. Mas isto depende quase que exclusivamente dele mesmo, pois, se por um lado as trevas o envolvem e encontram ressonância em vasto campo escuro e mórbido de sua consciência para atuar, por outro lado, temos nós atuado para despertar-lhe sentimentos mais nobres e responsáveis. No centro, tal qual um pêndulo, está Henrique e apenas ele poderá decidir para qual lado irá se inclinar.

Eu estava impressionado e feliz com as notícias. Muitas novidades, muita transformação. A vida é um moto contínuo, pensei, as renovações são constantes e incessantes. Tudo na vida se transforma e temos que estar atentos para nossa própria modificação sob o risco de ficarmos para trás. Recordei um pensador antigo que dizia: "Nada é, tudo é um vir a ser". As oportunidades se renovam a cada dia na misericórdia de Deus, mas os minutos são outros e não voltam jamais. Aqueles que se atrasam, correm o risco de ver seus entes queridos se perderem na distância do horizonte e não poderão reclamar que eles não retardaram os passos para nos esperar, o progresso é lei divina na bondade infinita do Criador. Todos podemos nos auxiliar mutuamente na caminhada da elevação do espírito, permutando energias, dando-nos as mãos, mas cada um caminha pelos próprios pés e retardar os passos, é decisão que cada um toma por si mesmo.

Chegamos ao Núcleo de Trabalho do Irmão Cláudio. Ao longe, percebi a luminosidade que se irradiava do Centro Espírita nas tonalidades coloridas que anteriormente já havia presenciado. O clima de alegria era contagiante, interligando nosso plano com o grupo encarnado. Alexandre e eu fomos recebidos com demonstração de carinho. Sentia-me como se fosse integrante daquela casa tão acolhedora. Senti um abraço envolvente e carinhoso: voltei-me, era Irmão Cláudio, que, com um sorriso jovial respondeu-me:

— Meu querido Virgílio, você é desta casa. Ainda estará trabalhando muito conosco num futuro próximo e seu concurso será de grande valia para todos nós. Contamos contigo, meu irmão, – concluiu com forte abraço. Senti-me sensibilizado e emocionado com a manifestação de carinho.

Eram quase 20 horas. Alexandre informou-me que haveria uma prece de abertura, posteriormente haveria uma preleção em que seria destacado o compromisso do Sagrado Mandato: as responsabilidades, os compromissos do trabalhador da Seara de Jesus. O Instrutor informou-me que aquela havia sido uma das melhores turmas dos últimos tempos, com alto índice de aproveitamento.

— Normalmente, — esclarecia-me Alexandre, — as escolas iniciam com grande número de candidatos a discípulo, mas no transcorrer do curso, existe grande número de desistência pelos mais variados motivos, conforme já explicamos anteriormente. Esta turma foi diferente: houve pouca desistência e o grupo apresenta-se homogêneo e sintonizado com os sagrados compromissos do trabalho. Existe grande expectativa quanto aos trabalhadores deste grupo por parte da espiritualidade. As possibilidades são as melhores, mas o dia a dia do trabalhador, a persistência, o vigiai e orai, as provações e as tentações irão determinar aqueles que realmente irão perseverar até o fim. O Semeador continua jogando as sementes procurando solo fértil. Sabemos que e as aves de rapina estarão atentas, bem como os espinheiros da vida, os pedregulhos dos obstáculos representarão as dificuldades que farão muitas sementes fenecer, mas para as que encontrarem solo fértil, valerá a pena. Sem dúvida irão produzir frutos sazonados e saborosos na Seara do Senhor.

Ouvi atentamente a exortação de Alexandre, que guardei no fundo de meu coração. Notei que o Instrutor manifestava-se também emocionado. Percebi que aquela classe era também para ele motivo de satisfação e alegria pessoal. Qual era sua ligação com aquele grupo? Não pude continuar com minhas elucubrações, naquele momento aproximou-se Pai João, oferecendo-me carinhoso abraço. Desnecessário é dizer que havia guardado comigo carinhoso sentimento de simpatia pela figura do preto velho.

— *"Fio"* Virgílio, por aqui hoje. Quanta alegria, meu *"fio"*. Você me faz lembrar um tempo que ficou ***prá tráis***, mas que me *tráis* muita recordação. Como é bom te ver de novo, *"fio"* querido, disse-me acariciando meus cabelos.

Se eu já estava emocionado, a demonstração de carinho de Pai João me tocou o fundo do sentimento, despertando-me recordações caras de um passado distante. Quem era Pai João? O que ele representava para mim? O sorriso simples do preto velho me cativou definitivamente. Movido pela emoção, questionei-o:

— Pai João, o senhor faz-me recordar de sentimentos caros de meu passado. Será que poderia um dia contar-me sua história? Irmão Cláudio disse-me que falaria com o senhor a respeito. Sinto grande carinho por sua pessoa, recorda-me alguém que me é muito caro, de um passado distante, cujas lembranças guardo com carinho no fundo de meu coração.

— É verdade, *"fio"* Virgílio, *"nóis"* já estivemos juntos em muitas lutas, mas isto vou te contar na hora certa. Eu mando te avisar quando for a hora. Será uma grande honra para mim te falar de um tempo que eu também não esqueço jamais. E você também estava lá, *"fio"*, você vai se lembrar.

Eu ainda estava tomado pela emoção do momento, quando a querida irmã Dináh se aproximou. Abraçamo-nos. Realmente aquela era uma noite muito especial. Toda equipe espiritual do Núcleo de Irmão Cláudio estava presente no clima de confraternização e harmonia. Assim é o Reino de Deus, pensei comigo mesmo, – alegria constante e trabalho incessante em vez de ócio permanente para os eleitos que passam a eternidade ouvindo os anjos tocando harpas, cítaras e flautas, louvando o Senhor que não necessita de nossos louvores improdutivos. Enquanto os condenados ardem sem se consumir nas chamas abrasadoras do fogo eterno. Assim ainda imaginam em sua ingenuidade muitos credos religiosos.

Eram exatamente 20 horas quando se deu início à solenidade. Deolinda foi a escolhida para a prece de abertura, sendo envolvida por sua genitora, transmitindo do fundo da alma através da oração suas esperanças no trabalho produtivo em favor dos menos favorecidos, na possibilidade da transformação dos corações mais endurecidos. Enquanto proferia a prece, seu pensamento buscava a figura de Henrique, ausente na reunião. Pude notar que realmente Deolinda havia burilado sua sensibilidade, de forma que suas faculdades medianímicas apresentavam-se afloradas como belas rosas que desabrocham. Aura luminosa e equilibrada era coroada por pensamentos elevados com alto diapasão vibratório.

Concluída a prece, o trabalhador responsável pela casa assumiu a tribuna para o corolário do Curso de Médiuns, que seria uma exortação ao trabalho de profundo significado espiritual.

De repente, o ambiente transformou-se em intensa profusão de luzes que encantaram meus sentidos. Estávamos, naquele momento, recebendo a visita de ilustre mensageiro das esferas superiores que se apresentava para a palavra da noite. Quando meus olhos se adaptaram à luminosidade, identifiquei o visitante, senti meu coração bater descompassado de alegria: estávamos recebendo a visita do Instrutor Aurélio. Graduando sua vibração e luminosidade envolveu o orador da noite que, inspirado, proferiu a exortação final:

— Queridos irmãos em Cristo! Uma importante etapa está vencida nesta noite para todos vós que tiveram o privilégio de levar a bom termo a oportunidade do aprendizado e do burilamento da sensibilidade espiritual. Encerra-se hoje a etapa em que pudestes buscar no ensinamento do Evangelho o direcionamento para vossas vidas. Tiveram a oportunidade de conhecer e estudar os princípios básicos da Doutrina dos Espíritos, puderam compreender a veracidade incontestável da Lei de Causa e Efeito, da Lei de Misericórdia Divina e das demais Leis Morais. Tiveram a atenção e o carinho dos trabalhadores espirituais que os acompanharam em sua trajetória, exortando-os e incentivando-os para que não desistissem nos momentos mais difíceis em que as tentações os convidavam a trilhar pela estrada larga da vida. Contaram com a atenção e o desvelo dos trabalhadores que, investidos na condição de professores, semeavam em seus corações o entendimento, para a responsabilidade do equilíbrio, tendo como norte o Evangelho do Cristo, para terem o discernimento adequado de forma que possam exercer o intercâmbio entre o mundo visível e o invisível com toda segurança. Conscientes que nem todo espírito que fala de Deus, vem de Deus, mas tendo as ferramentas para identificar os verdadeiros mensageiros que falam do Senhor e vêm em nome do Senhor! Queridos irmãos, grande é nossa satisfação nesta noite de luzes e bênçãos, mas estejamos preparados, este é apenas o início dos compromissos. Importante etapa foi vencida e agora estais preparados para serem trabalhadores da Seara de Jesus, como medianeiros do Mestre, investidos da responsabilidade no sagrado mandato da mediunidade. Vocês têm, neste momento, todas as ferramentas para o trabalho e defesa, o espiritismo nos oferece a capa, a galocha e o guarda-chuva e nós sabemos que irá chover. Entretanto, apenas iremos nos molhar se quisermos ou estivermos invigilantes. O trabalho a serviço de Jesus é alegria constante em nossos corações! Alegremo-nos em Cristo e que possamos servi-lo oferecendo o que há de melhor em nós, seja através da orientação, da palavra amiga, do abraço afetuoso e sincero, do copo de água ao sedento, do prato de alimento ao esfomeado, da roupa ao desnudo, do perdão incondicional aos nossos desafetos, da compreensão, da paciência, da tolerância, amando com desprendimento e servindo sem apego. Ide e pregai a verdade que liberta, queridos irmãos, com equilíbrio e bom senso, conscientes que o Mestre nos orientou para que não colocássemos a luz sob o alqueire, mas no ponto mais alto de nossa casa para que iluminasse a todos que se aproximassem, mas também nos aconselhou que não atirássemos pérolas aos porcos! Grande é vossa responsabilidade, mas grande também será vosso galardão se perseverarem no exercício constante do sagrado mandato. Façamos a caridade da divulgação da verdade que ilumina e liberta, respeitando as demais crenças sem ferir quem quer que seja com contendas inúteis, aqueles que ainda não estão em condições de entendimento, pois o Mestre assim fez conosco! Devemos estar sempre unidos neste ideal, permutando energias e nos fortalecendo no trabalho incansável, oferecendo sempre nossa melhor contribuição à casa que nos acolhe, cooperando nos passes, nas doutrinações, na desobsessão, nas reuniões de Evangelho, enfim, em qualquer atividade, desde a limpeza da casa até o grau mais elevado de orientação. Não podemos nos esquecer que a mediunidade é preciosa pedra que se burila gradualmente para revelar a luz que contém em sua natureza, devemos lembrar a exortação de Kardec: "espíritas amai-vos, espíritas, instruí-vos", não basta apenas trabalhar, o que é extremamente importante, mas também estudarmos para compreender os ensinamentos profundos que dilatam nossos horizontes de entendimento e nos tornam melhores a cada dia, no esforço incessante do discípulo de Jesus! Queridos irmãos, hoje estamos em festa, em confraternização em que o mundo visível e invisível, guiados por Jesus, regozijam-se na glória de Deus! Estejam sempre atentos às responsabilidades do sagrado mandato, como novos semeadores, estarão plantando sementes que amanhã colherão na Seara do Mestre com a alegria dos justos que não se entregaram à ociosidade nem à preguiça, mas ao serviço da grandeza da alma em sua trajetória em busca da sagrada fonte eterna da perfeição! Que a paz de Jesus esteja agora e sempre em vossos corações!

Ao terminar sua preleção, notei que o ambiente estava saturado de energias diáfanas e luzes policrômicas. Do alto desciam pétalas de rosas que se desfaziam ao toque dos corpos físicos dos presentes.

A confraternização era intensa entre encarnados e desencarnados e a alegria era contagiante envolvendo a todos. A manifestação de alegria era geral e confesso que minha voz estava embargada pela emoção. Abracei Alexandre com carinho de irmão mais novo que ainda necessita de orientação e amparo. Abracei Pai João, Irmão Cláudio, Irmã Dináh e todos os presentes com o coração arrebatado por alegria e contentamento. Aproximei-me respeitoso do Instrutor Aurélio que me envolveu em carinhoso abraço:

— Irmão Virgílio, mais uma vez nos encontramos na Seara de Jesus! É assim mesmo, pois o trabalhador do Cristo sempre terá a alegria de encontrar seus afetos mais caros quando trilha os caminhos retos a serviço do inolvidável Mestre! Tenho uma novidade para você, mas não poderei falar-te agora. Procure-me amanhã no Salão Central do Ensinamento para Todos os Planos. Alexandre já sabe o que se trata, mas apenas amanhã te orientaremos, está bem?

Afagou-me a cabeça com carinho, despedindo-se de todos, retornando para suas atividades, o trabalhador de Jesus sabe que o tempo urge.

Despedi-me de todos, retornando ao meu domicílio na colônia, com a sensação que tiveram os discípulos quando, ao redor do Mestre, ouviram suas inesquecíveis palavras: *"Olhai as aves do céu, que não plantam nem ceifam e no entanto o Senhor nunca deixou que lhes faltasse o sustento. Olhai os lírios do campo que não tecem e nem fiam e no entanto nem Salomão em todo esplendor de sua glória teve vestes mais lindas. Buscai o Reino de Deus e todas estas coisas vos serão acrescentadas. Não vos inquieteis com o amanhã pois a cada dia basta seu mal." (Matheus, Cap. VI vers.25/34)*

Qual a surpresa que o Instrutor Aurélio me reservava? Confesso que estava ansioso, mas Jesus não dissera que o futuro a Deus pertence? Dessa forma aquietei-me enquanto observava no espaço estrelas e nebulosas que gravitavam no espaço infinito obedecendo aos ditames do Criador, em seu rodopio incessante da grandeza da criação Divina! Amanhã seria outro dia na alegria do Reino de Deus e no coração dos homens!

NOTA DO AUTOR ESPIRITUAL

Amigos, possivelmente estejas se perguntando a respeito do desfecho das histórias e dos personagens aqui apresentados. O que acontecerá com Deolinda, com Henrique, com Elídia e com Marcelinho? E a respeito de Carol? Qual a ligação que os une? E quanto a Cássio e Sabrina? Qual a história de Pai João? Qual fato determinaria o triste acontecimento de Henrique ter atropelado o próprio filho?

Estas e outras questões serão respondidas em nossa próxima obra, intitulada *O Templo da Chama Sagrada*.

Até breve, queridos irmãos!

Que Jesus nos abençoe e ilumine a todos!

Irmão Virgílio

Impressão e Acabamento
Bartira
Gráfica
(011) 4123-0255